CADERNOS

HUMANITAS

CIPRIANO DE OLIVEIRA

ANTIGUIDADE:
Crenças e Escolas de Mistérios

Editora Maçônica "A TROLHA" Ltda.
Rua Castro Alves, 835 – Jd. Shangri-lá A – Fone (43) 3337-1982
Fax (43) 3326-0915 – Cx. Postal 238
CEP 86001-970 – Londrina – PR

Londrina, março de 2013

EDITORA MAÇÔNICA "A TROLHA" LTDA.
Rua Castro Alves, 835 – Jd. Shangri-lá A
86070-730 – Londrina – PR
Cx. Postal 238 – CEP 86001-970
Fone (43) **3337-1982** – Fax (43) **3326-0915**
Site: www.atrolha.com.br
E-mail: redacao@atrolha.com.br

Coordenação Geral:
Conselho Editorial

1ª edição: Fevereiro de 2011

2ª Edição:
Março de 2013

Tiragem:
1.400 exemplares

Projeto Gráfico e Diagramação:
Maristela Meneghetti

Capa:
Ulisses R.M. Candreva

Revisão:
Virgínia Cristina Audi Ayres

Impressão e acabamento:
Midiograf Gráfica e Editora

Obediência: *Grande Oriente Lusitano*

Dados Internacionais de Catalogação na Publicação (CIP-Brasil)
CATALOGAÇÃO NA FONTE

O48a Oliveira, Cipriano de.
Antiguidade: crenças e escolas de mistérios / Cipriano de Oliveira. – 2. ed. – Londrina: Ed. Maçônica "A TROLHA", 2013.
208p.: il.; 14,21 cm. – (Coleção Cadernos Humanitas).

ISBN: 978-85-7252-311-0

1. Filosofia e religião. 2. Filosofia antiga. 3. Mitologia grega. 4. Filosofia oriental. I. Título. II. Série.

CDD 210
CDU 291.1

Índices para Catálogo Sistemático:

1. Filosofia e religião.
291.1 (CDU)
2. Filosofia antiga.
1(38) (CDU)
3. Mitologia grega.
291.13 (CDU)
4. Filosofia oriental
1:2 (CDU)

A todos os que se interrogam.

Índice

Apresentação dos Editores

O Autor desta Obra Literária, Irmão Cipriano de Oliveira, da Loja "Humanitas", do Oriente de Lisboa, Portugal, nos brinda com uma verdadeira e salutar viagem ao longo dos tempos, uma obra extraordinária desenvolvida com brilhantismo e dedicação, enaltecendo ainda mais a Universalidade da Ordem Maçônica, aqui em destaque a Maçonaria Portuguesa, livro indicado a todos aos que se interrogam.

Temos a certeza de que os estimados leitores se surpreenderão com o desenrolar de sua escrita, que nos permite visualizar o longo caminho percorrido pela humanidade até os dias atuais.

Sabemos que o "homem", independentemente de seus vastos conhecimentos adquiridos ao longo da vida, sempre quer ir mais além. Quer aprender mais, quer esclarecer eventuais dúvidas.

*Não há como discordar do que diz o Autor: **"As respostas sempre decorrem directamente dos conhecimentos"**.*

A Maçonaria em sua universalidade busca manter-se atual sem, no entanto, abalar um de seus principais pilares de sustentação, o conhecimento.

Em tempos de informações genéricas, superficiais e rápidas em nome de uma questionável modernidade, que permeia os meios de comunicação atuais; onde importantes analistas e articulistas são deixados de lado em detrimento de banalidades e parcialidades, a Maçonaria permanece discretamente estimulando os seus Obreiros a pensar.

Foi justamente a onipotente presença do pensamento, que fez certamente com que o Maçom desde os mais áridos tempos fosse paradoxalmente enaltecido e estigmatizado. Uma pessoa que tem senso crítico, que discerne e realiza é considerada desde há tempos, misteriosa, invejável.

O passeio desde as antigas Escolas do Conhecimento até os dias atuais está distribuído em cinco abrangentes Capítulos: As Crenças; As Grandes Sistematizações; O Helenismo; Escolas de Mistérios e, finalizando, destaque para as Principais Escolas de Mistérios. Os conceitos e ensinamentos aqui relatados são de extrema importância em nossos tempos, onde as tomadas de decisões se sobrepujam aos dilemas existenciais, deixando a humanidade a mercê das crises sócio-espirituais.

Liberdade, Igualdade e Fraternidade não podem coexistir com ignorância, deslealdade e sectarismo.

Os Editores
Londrina, março de 2013.

***N.E.**: Para melhor compreensão foi mantida a grafia original de Portugal.*

Capítulo I
AS CRENÇAS

1 – A INCLINAÇÃO TRANSCENDENTAL

Nós, criados e aculturados neste Ocidente cristão, impedidos durante séculos de verbalizar dúvidas e perguntas sobre verdades tidas como absolutas, protegidas pela Santa Inquisição, sagrado e profano de mãos dadas, vivíamos num círculo eurocêntrico que apenas via o seu umbigo. E quando, com Portugal como pioneiro, entrámos em contacto com outros Povos e culturas, fizemo-lo com a espada e a cruz, destruindo tudo o que não estivesse dentro da uniformidade ocidental. A Reforma e o fim do Absolutismo atenuaram o controlo, mas só nos tempos modernos se quebraram as amarras do pensamento.

Hoje, à luz dos conhecimentos científicos, de dados arqueológicos e novos métodos de datação dos achados, da teoria da evolução das espécies, estão postas em causa muitas das premissas em que se sustentou o pensamento religioso ocidental, nomeadamente o relato bíblico da criação e a datação desse momento como tendo acontecido há cerca de 6.000 anos.

Sabemos que, afinal, a terra tem mais de 4,5 mil milhões de anos, e que a vida começou por volta de 4 milhões de anos atrás. Quanto ao homem, a teoria de "out of Africa", data o homo sapiens sapiens, do qual descenderia toda a humanidade, de há cerca de 200.000 anos, durante os quais se espalhou por toda a terra e se diferenciou.

Um longo caminho até à actualidade, que revelou a capacidade de sobrevivência e evolução dos mais aptos, num ambiente difícil.

O homem, em especial, revelou-se um caso de sucesso, possível pelo crescimento do seu cérebro e crescente capacidade de se adaptar.

Espalhando-se por todos os cantos da terra, verdadeiro caminhante, nómada, caçador-recolector, vivendo do que a terra dava, espontaneamente primeiro, cultivando-a depois, em comunhão com a natureza que era parte integrante de sua vida: a terra, que via mudar nas suas deambulações, esse mundo superior com suas luminárias que o acompanhava para onde quer que fosse, a vastidão dos mares a perder de vista.

E viveu assim, entregue à sua luta pela sobrevivência, crescendo, multiplicando-se, adaptando-se, sem que nenhum deus criador se lhe tivesse revelado durante pelo menos 190.000 anos. O que levanta uma questão muito simples: **porque será que esse deus, possuidor de todas as excelsas qualidades, que apareceu tão recentemente invocando os louros da criação, o deixou abandonado todos esses anos?**

Estranho animal, o homem, que se diferenciava por uma característica singular: sedento de conhecimento, inclinado a fazer-se perguntas e a tentar encontrar para elas uma explicação. Ainda hoje, com os imensos conhecimentos adquiridos, continua a querer ir mais além e obter respostas mais esclarecedoras para grande parte das mesmas perguntas que sempre se colocou: como apareceu este mundo intrigante, a terra com seus campos, montanhas e rios; as vastas extensões das águas; e esse mundo superior que sempre o seguia nas suas deambulações? E eu, como apareci e que acontece depois da minha morte?

Podemos dizer, sem margem para erro, que as respostas decorrem directamente dos conhecimentos. O que nos conduz à conclusão da relatividade das certezas e das respostas, por mais profundas que fossem ou sejam as crenças, os mitos e até a fé.

Hoje, com um mundo globalizado, conhecendo o homem em toda a sua dimensão geográfica, mas sobretudo conhecendo esse mundo superior de forma até há pouco inimaginável, no limiar de uma explicação científica para a criação do universo, com os telescópios Hubble e Kepler levando o nosso olhar para lá do sonhado, devemos aos nossos antepassados um esforço de entender as respostas que deram, no seu tempo, às questões de sempre, e como foram tecendo as suas relações com o transcendente.

De grande parte desse trajecto apenas podemos conjecturar pelos indícios arqueológicos, ou intuir, como herdeiros dessa mesma condição humana. Pelo que estamos limitados, no domínio dos factos históricos, por essa invenção maravilhosa que foi a escrita, nas suas variadas formas. O que nos reduz a uma pequena fracção da história do homem.

A história começa com o aparecimento da escrita, na sequência do Neolítico (idade da Pedra) e seus avanços civilizacionais, com a sedentarização do homem, desenvolvimento da agricultura, domesticação dos animais, que potenciou o crescimento da humanidade e o aparecimento de grandes núcleos habitacionais: as cidades. Este facto constituiu uma enorme alteração nos modos de vida e relações de trabalho da humanidade, sobretudo ao nível das relações. Deixou de haver a relação familiar, vizinhança (tribo) e a divisão de trabalho homem, mulher, criança. A divisão tornou-se mais complexa porque havia necessidade de novos tipos de trabalho: artesãos, construtores, planeadores, contabilistas, soldados, padres, administradores, cobradores de impostos, juízes etc. Surgirão então, as respostas adequadas aos novos desafios: escrita, contabilidade, contratos, leis, e, sobretudo, uma hierarquia.

Também mudanças na concepção dos deuses: de espíritos da natureza e génios da casa para governantes e criadores do mundo.

Estas mudanças devem-se à sedentarização e aparecem,

primeiro, ao longo dos grandes rios e seus vales, terrenos férteis e que permitiram a agricultura de regadio, necessária ao sustento de grandes aglomerações humanas: o Nilo, o Eufrates, o Tigre, mas também o Indo, o Hidrates, o Ganges, o Rio Amarelo e outros, nas Américas.

Estes grandes aglomerados vão modificar a forma de viver, fora do clã e das lideranças familiares, permitindo maior segurança e a diversificação das actividades, e estas, a necessidade de mecanismos de cálculo, de registos etc. Esta melhoria da condição de vida vai propiciar uma mais rápida evolução da humanidade e criar os estados e nações.

A escrita, primeiro sob formas de símbolos, mas depois alfabetizada, vem permitir guardar e transmitir informação da qual se faz a história, e constitui um marco entre esta e a pré-história, com a entrada na idade dos Metais (1º a idade do ferro).

É aí que se deve procurar o aparecimento da escrita e os estudos apontam para uns meros 4/5.000 anos atrás: tudo começa com o simbolismo (atribuição de um significado a uma coisa ou representação) depois representação pictográfica e ideográfica até à escrita alfabetizada, aparecendo umas centenas de anos depois.

O seu caminho para a democratização foi lento, mesmo muito lento, pois sendo uma forma de codificar informação, o seu conhecimento era fonte de poder, reservado a poucos, uma elite de iniciados nessa nova magia. Aliás, como todo o conhecimento, quem o tinha gozava de bastas prerrogativas.

A existência da escrita permite-nos conhecer o funcionamento dessas cidades, que têm implícito o aparecimento de uma elite governante, e das ideias, crenças e religiões. Em boa verdade, só a partir daí podemos conhecer algo de concreto sobre os nossos antepassados e nem sempre totalmente porque a queima de "livros" parece ter sido uma fatalidade histórica!

Sabemos que o homem se questionava e procurava explicações. Certamente as primeiras tinham a ver com a natureza e os fenómenos naturais com os quais convivia mas que não conseguia explicar: a terra de onde brotavam plantas e árvores, com seus rios e montanhas, que mudava conforme caminhava, e conforme os ciclos de tempo, umas vezes viçosa e cheia de alimentos, outras árida e fria; esse mundo superior que parecia acompanhá-lo nas suas deambulações sem nunca mudar, com suas luminárias, das quais sobressaia a que presidia ao dia, esse Sol que tanto se mostrava acolhedor e benfazejo como parecia tomado de ira e tumultuoso. E que cada noite desaparecia deixando em seu lugar um outro astro misterioso, mutante, enigmático, a Lua. Como teria surgido tudo isso?

Talvez só depois tenham vindo as interrogações metafísicas: quem sou eu, de onde venho, que me acontece depois de morrer?

As explicações apareceram e transmitiram-se sob a forma de Mitos, que mais não são que uma forma metafórica de contar uma história e as crenças em acontecimentos, que se aceitam sem que se pretenda sustentá-los em factos, que aliás não conheciam.

Assim se formou a fé, uma adesão pessoal e íntima a uma proposição, ideia ou acontecimento, narrada por alguém em quem se acreditava pelo seu conhecimento ou pelo seu poder. A transmissão fazia-se, sobretudo, oralmente, e a escrita irá acolher essas Tradições que constituem as respostas às suas interrogações. Estas crenças socialmente organizadas, constituíam um alento para as angústias individuais, eventos traumáticos, amparo para a superação da dor, além de serem um forte cimento da identificação de grupo, tão importante para as afirmações nacionais nascentes e aparecimento das cidades.

Cada grupo, cada sociedade, tinha as suas deidades, muitas e variadas, embora algumas fossem elevadas ao estatuto de oficiais ou oficializadas e mesmo, nalguns casos, hierarquizadas à semelhança da própria sociedade.

Podemos constatar que as crenças foram alimentadas e organizadas como forma de legitimação do poder das elites, face a aglomerados urbanos constituídos por indivíduos muitas vezes desconhecidos uns dos outros, afastados do seu clã ou tribo, e cuja coesão social dependia da existência desses chefes. E que melhor cimento que a crença organizada, acompanhada pela divinização do chefe, que sabemos ser uma matriz daqueles tempos, para manter essa estrutura de poder! Não admirando que o poder político cedo se interessasse pelo seu controle e criasse um corpo especializado para organizar os cultos.

De entre as causas que originaram as crenças, o medo da morte parece assumir um importante papel, com estudiosos como Malinowski a afirmar que se tratou de uma "maneira de tratar a morte", ou Freud que dizia basear-se no "medo da morte".

Em torno deste medo e, quiçá, impelidos pelo impulso genético da conservação da espécie, cedo a tendência foi para construir um conceito de vida para além da morte. Era reconfortante pensar que o homem teria uma componente imortal!

Para isso teria de se ultrapassar a mera corporeidade e considerar que haveria algo mais no homem que simples matéria. E a ideia fez o seu caminho, de maneiras diferentes, é certo, mas que convergiram na assumpção de uma componente espiritual, uma entidade imaterial, que sobreviria ao corpo. Por isso poderia ser julgada e sofrer as consequências dos actos enquanto parte de uma pessoa.

Esta entidade, que chamaremos alma, assumiu essencialmente duas maneiras de ser encaradas: para uns seria individual, preexistente, eterna, existindo no mundo superior, que se juntaria a um corpo e retornaria à sua individualidade depois da morte deste; para outros seria uma parte de uma alma mais ampla, cósmica e universal, que poderia reintegrar-se nesse todo ou mesmo reintegrar-se noutro corpo, conforme sentenciado em julgamento.

Estas duas maneiras de encarar esse conceito de alma são bem definidas nas crenças: as que adoptaram o conceito de alma individual conceberam o conceito de condenação ou recompensa individual, algumas vezes ligado à ressurreição do corpo, em que alma e corpo voltariam a estar juntos num julgamento final, partilhando da mesma sentença; as que adoptaram o conceito de alma universal encaram a punição como uma exclusão de regresso a esse todo, e o castigo como reincarnação noutro corpo de um qualquer ser vivo, e a recompensa como o regresso, a reintegração, no seio do todo.

Estas duas concepções delimitam claramente as crenças a oriente das crenças a ocidente, mas sabemos da influência recíproca: a ocidente assiste-se, mantendo a individualidade da alma, ao conceito de transmigração até que a recompensa acabe com esse ciclo doloroso. Mas o prémio era manter-se individual, no estado de perfeição e comunhão com os deuses. O monoteísmo virá acabar com a ideia de preexistência, ao propor a sua criação do nada, por deus, e sua integração nesse acto, no corpo humano, mantendo a sua individualidade e sobrevivendo ao mesmo (imortalidade).

Mas não deixa de ser verdade que a humanidade, desde a sua origem, tem mostrado uma inclinação para a espiritualidade/religiosidade, fruto das reflexões pessoais sobre si mesmo e a vida, tentando encontrar resposta para algumas questões metafísicas como a razão da existência, do nascimento, da morte, e seu relacionamento com o transcendente e o sagrado. O que irá dar origem à filosofia, à religiosidade e às religiões (o conceito de religião só aparece no mundo romano, sendo desconhecido do mundo grego, que designava de filosofia esses movimentos, incluindo o judaísmo) definidas como um conjunto organizado de crenças, de rituais e códigos morais que delas derivam.

2 – O APARECIMENTO DOS DEUSES

Como surgiu tudo? Qual a origem do cosmos, das coisas, do homem, dos deuses? Essas são as primeiras perguntas que o homem faz a si mesmo. E em todos os cantos da terra sempre ensaiou respostas para tais perguntas, as quais são um reflexo da cultura e do momento histórico de quem as elabora.

Para os nossos antepassados era difícil conceber que algo viesse do nada. Talvez que para os primeiros dos nossos antepassados o mundo sempre tivesse existido, como, aliás, ensinado pelo Budismo: O universo tal como é simplesmente sempre foi assim "desde o tempo sem início".

As explicações não podiam deixar de reflectir os conhecimentos, que não eram muitos. No início deveria estar omnipresente a Mãe Natureza, mãe criadora, pois dela viam sair as plantas, árvores e vegetação, dando sustento e guarida aos animais e homens. E também esse mundo superior cheio de luzeiros que parecia mover-se a um ritmo regular, de onde vinha o calor reconfortante mas também tempestades, sinais que pareciam de ira e fúria para castigo dos que habitavam a terra.

É neste contexto que se vão formando as crenças em entidades mais complexas, distintas, mais poderosas, com ascendente sobre os seres e os acontecimentos. Não se sabia porquê ou como, mas deveriam ser eles os criadores e controladores do mundo inferior e todas as coisas que nele existiam.

Era os homens a criarem os deuses!

Deus era uma qualificação genérica de todos os seres não pertencentes à condição humana. Assumiam diversas formas, muitas das quais relacionadas com a natureza: a personificação das forças da natureza e a sua divinização (mitologia astral, deuses telúricos e subterrâneos, deuses da fecundidade; a divinização de antepassados e heróis). Na verdade tudo o que fugia ao comum do Homem era tido como um deus. E também quando um homem se distinguia entre os demais pelas suas acções, ou por um poder oculto que se não podia compreender, era deificado, tido como reincarnação de um deus.

Havia muitos e variados deuses, locais, regionais ou nacionais, alguns especializados em determinados domínios.

Aos quais era necessário agradar para evitar as suas fúrias e consequentes castigos que se percebiam pelos sinais de agrado ou desagrado que emitiam, mas que podiam modificar-se por intercepção. Daí as invocações, os pedidos, as oferendas, preces, sacrifícios e até, nalguns relatos, a revolta violenta contra as próprias deidades.

O melhor era adivinhar-lhes o humor e tentar saber o que reservavam para o futuro mais ou menos imediato, consultando--os previamente (oráculos e adivinhações).

Sem que se possa dizer que, necessáriamente, se adoravam todas as divindades do panteão, pois o crente podia fazê-lo somente em relação a um grupo específico, conforme os seus gostos, experiência especial ou tradição.

A imagem dos deuses era antropomórfica: como os humanos, viviam, morriam, caçavam, comiam e bebiam, casavam, tinham filhos e todos os sentimentos humanos. E com o tempo foram mesmo organizados em estruturas hierárquicas semelhantes às humanas, sobretudo quando a organização social se começou a centrar nas cidades.

Mas, apesar do antropomorfismo, os deuses eram tidos como incorporais, o que hoje pode parecer-nos pouco óbvio quando pensamos nos deuses astrais como o sol e lua, por exemplo. Como Jâmbico colocava a questão: "**Se os deuses são incorporais, como podem o Sol, a Lua e os outros astros visíveis, serem deuses?**"

E respondia, na senda dos ensinamentos de Platão: "**Não são os corpos que os incorporam, mas eles que incorporam os corpos com a sua essência e energia divinas ...sendo o corpo que está ao serviço da causa divina, não interferindo com a sua incorporalidade**".

Esta "essência divina" era na antiguidade e em quase todas as religiões, vista como o "fogo", razão pelo que o "fogo eterno" era conservado sempre aceso, nos seus templos, como símbolo divino. Mesmo Moisés (Deut 4,4) ouve a voz de Deus através da "sarça-ardente".

Esta conceptualização dos deuses deve-se sobretudo à cultura grega, cujo predomínio se estenderá por séculos, devido ao helenismo.

Não existiam nas civilizações mais remotas, locais específicos para a adoração. Era na natureza, ao ar livre ou na intimidade do lar, que as coisas se passavam.

Mas tal iria transformar-se com o advento das instituições "religiosas", que vão impor a ordem e organizar uma intermediação entre o homem, impotente, e um deus propenso à cólera e aos castigos. Mesmo então os templos não eram para o comum dos homens, estava reservado aos próprios deuses e seus "servidores".

Pode dizer-se que esses tempos eram de uma grande tolerância pessoal, sem grandes proselitismos, se exceptuarmos as interferências do poder político quando lhe convinha manipular as crenças, assumindo como oficial certo culto e crença. Situação em que havia uma tendência social para o mimetismo. Tirando isto, cada um era livre para escolher o deus que mais lhe agradasse ou melhor se enquadrasse na sua crença ou até na sua necessidade. O fervor era compartilhado e dirigido a vários deuses, evitando-se a radicalização que um só deus pressupunha.

Claro que com a organização das crenças, alguma desta liberdade desaparecia, pois a descrença podia ser vista como uma ofensa aos deuses e portanto susceptíveis de atrair a cólera dos mesmos sobre toda a sociedade. A condenação de Sócrates é disso um exemplo.

Este politeísmo funcionou, na antiguidade, como resposta às interrogações humanas. Mas não é apenas passado. Podemos encontrá-lo vivo e pujante em muitas comunidades actuais, a Oriente, que adoram variados deuses. Sistemas que ainda hoje aí perduram, com expressão significativa a nível de crentes e a nível cultural, mas ganhando adeptos também a Ocidente, onde se assiste a um revivalismo do movimento politeísta como o Neo-paganismo Wicca, e, em certa medida, o movimento New Age.

Neste mundo global existe, cada vez mais, lugar para a diferença e para a liberdade de crença. Se se respeitar esta, então não se coloca a questão de quem está certo ou errado. Todas as crenças merecem respeito e aceitação. O que estaria errado seriam os desvios a esta prática, explicáveis pelas razões históricas que fizeram o predomínio do monoteísmo, e que são, sobretudo, questões de poder.

De facto, basta pensar, a Ocidente, como seria se o Império Romano não tivesse adoptado o cristianismo: parecer-nos-iam os Mitos e Lendas antigos, mesmo que baseados apenas na Tradição, menos credíveis que os consagrados em Livros?

Obviamente que com o crescimento dos grandes grupos humanos, com as Nações e Estados, foi-se formando um caldo cultural de que todos estes sentimentos faziam parte e constituíam o elemento aglutinador por excelência. Tinha-se os seus deuses, a sua tribo, os seus chefes, a sua Nação e o seu Estado, as suas bandeiras, que, além de aglutinadores, eram também diferenciadores.

O aparecimento da escrita além de ter servido à administração foi também uma fonte de avanço nessa reorganização. É desta que nos advêm as primeiras fontes de conhecimento dessas crenças antigas.

E não tardaria que aparecessem as referidas "instituições religiosas" que em todo o lado representaram uma manipulação dos deuses para os mais variados fins, de natureza pública e privada.

Estas crenças irão confrontar-se com o monoteísmo cristão, radical e proselitista, que passará a designá-las, indistintamente, de pagãs. Termo que por extensão se aplicará a toda a cultura que não aceite a existência de um Deus Criador único.

Costuma fazer-se no Ocidente uma análise muito centrada em si mesmo, desvalorizando a realidade do Oriente longínquo, quando aí se consolidaram muito mais cedo os cultos e as religiões, que basicamente persistem desde muito antes da era cristã.

É certo que no Ocidente, durante muito tempo, pouco ou nada se conhecia sobre grande parte do Extremo Oriente, mesmo da Índia, para lá do Vale do Indo, até onde chegava o Império Persa. E no entanto era aí que se desenvolviam as civilizações mais avançadas, com escrita, e se estruturavam, já, vastos impérios.

Mesmo no tempo de Alexandre, o Grande, pouco se avançou nesse conhecimento pois a sua expedição a Oriente ficou-se pelo atravessar do Rio, e os relatos sobre esses territórios demonstram confusão e desconhecimento. De facto o Império Greco-persa pouco acrescentou aos limites do Império Persa.

Com o tempo isso mudará, e a história registará a existência de contactos com esses povos distantes. Há registos chineses (Dinastia Han 206 AC até 221 d.C.) em como estes não desconheciam Roma (Da Qin) tendo mesmo feito contactos directos ao tempo de Marco Aurélio (AnTun) (166 d.C) e posteriormente, conforme relatos detalhados feitos pelos enviados do general Ban Chao (documento – Hou Han Shu). Só a título de exemplo, eis o relato sobre este primeiro contacto:

> *"No reino de Huan Di (166 d.C), o rei de Da Qin, An Tun (Marco Aurélio) enviou uma embaixada que foi recebida na fronteira de Jinan (Annam, ou Cochinchina) oferecendo marfim, chifres de rinoceronte e cascos de tartaruga. Deste tempo datam as relações directas entre o nosso reino e o deles. A lista das oferendas não continha qualquer tipo de joias, o que mostra que eles não conhecem a tradição" (HHS, 88; LS, 54).*

Temos de ultrapassar a aculturação a que fomos, naturalmente, sujeitos, afastando temores, medos e receios que acorrentam o nosso pensamento e nos inibem, muitas vezes, a liberdade de pensar.

Mas, sobretudo, ultrapassar o eurocentrismo cultural e olhar mais além, para outras culturas, nomeadamente para o Oriente onde muitas respostas são bem mais antigas e próximas desse passado do homem que todos ansiamos por conhecer.

Talvez esta perspectiva venha permitir maior tolerância, maior ecumenismo e a aceitação da laicidade das instituições para que todas as crenças, ou não crenças, estejam em efectiva igualdade.

Mas a questão principal permanece a mesma: Quem somos e que acontece depois da morte?

3 - OS MITOS

A - Noção

Do grego "Mythos", significa história ou palavra. Como o define David Leeming (The World of Myth) "é uma forma de história, filosofia, teologia ou ciência, significando uma crença aceite embora não sustentada em factos".

Se é verdade ou ficção é irrelevante. As pessoas acreditam porque confiam naquele que narra, na sua autoridade.

Os Mitos pretendem transmitir um conjunto de valores e rituais religiosos numa tentativa de explicar o que se não entendia: a origem e natureza das coisas, o aparecimento dos deuses etc. Tornando esses fenómenos inteligíveis pelas pessoas comuns.

Por outro lado os mitos são uma narrativa anónima, com base na tradição popular, fabulosa, de construção imaginária, metafórica, mas de aceitação colectiva e com localização num tempo indeterminado. Para os factos reais a palavra grega era "logos".

Os Mitos são essencialmente cosmogónicos (que explicam as origens do cosmos e todos os seus elementos, incluindo os homens), teogónicos (que explicam o nascimento e genealogia dos deuses) e funerários (tentando explicar a vida para além da morte e como se daria essa passagem). Mas há-os sobre os mais diversos assuntos que preocupavam a humanidade, distinguindo-se conforme os objectivos: Mitos heroicos narrando os feitos dos heróis (semideuses); Mitos naturalistas – explicando, os fenómenos naturais, telúricos, astrais e atmosféricos; Mitos morais – relatando as lutas entre as forças do Bem e do Mal, entre anjos e demónios, entre elementos contrários; Mitos escatológicos – fazendo uma antevisão do futuro do homem após a morte, do fim do mundo; mitos soteriológicos – acerca dos mistérios, iniciação e rituais etc.

Muitos incorporam múltiplos tipos, outros são específicos, pelo que esta classificação é relativa.

As explicações não podiam deixar de reflectir os conhecimentos de cada época. No início deveria estar omnipresente a Mãe Natureza, mãe criadora, pois dela viam sair as plantas, árvores e vegetação, dando sustento e guarida aos animais e homens. E também esse mundo superior cheio de luzeiros que pareciam mover-se a um ritmo regular, de onde vinha o calor reconfortante mas também raios, tempestades, sinais que pareciam de ira e fúria, para castigo dos que habitavam a terra.

As respostas são um reflexo da cultura e do momento histórico de quem as elabora. Mas para os nossos antepassados era difícil conceber que algo viesse do nada. Se do solo saíam as plantas e as árvores, crescendo e morrendo, então os animais, e também o homem, teriam saído da terra mãe, da mesma forma, até porque pareciam assemelhar-se, todos vivendo do que a mesma dava para alimento e abrigo (Autoctonia). Tudo partilharia da divindade: animais, plantas, montes, fontes, forças da natureza (animismo).

Não foi um processo linear, mas sabemos, hoje, que foi um processo global: onde quer que vivesse, com ou sem contactos com outras civilizações, as explicações seguiram um padrão semelhante, e muitas vezes os deuses eram os mesmos, pois todos surgiram da observação da natureza e do cosmos. E vão levar o homem à criação de entidades com poderes superiores às suas próprias limitações, como forma de explicar o que desconhecia.

Muitos dos Mitos iniciais centram-se nos poderes da mãe natureza e nos significados das coisas que dela saíam: cada árvore teria o seu significado, o mesmo com os animais, os astros e as constelações, bem como o mar e os rios.

Certo é que em todos os mitos da criação conhecidos, algo está sempre presente no momento da criação: o sol, terra, ar e água, essenciais para a produção agrícola e a sobrevivência, sempre ocuparam lugar de destaque na mitologia das civilizações antigas.

Outra constante é a de uma clara separação temporal entre a criação dos deuses e a dos humanos. E o pouco relevo dado à criação dos outros seres vivos.

Mas cada cultura foi criando os seus mitos sobre a criação:

a) *Mito babilónico:* Enuma Elisih – Os homens foram criados do sangue e veias de um deus executado por Marduk.
b) *Mitos do Egipto:* os dois relatos mais conhecidos são:

   1) do mito de Heliopolis.

   Os filhos de Rá-Atum, Shu e Tefnut separaram-se do pai, e este mandou o Olho procurá-los. Na sua ausência substituiu o Olho por outro. Quando aquele retornou, trazendo Shu e Tefnut, Rá-Atum chorou de alegria e as suas lágrimas criaram os seres humanos.

   Quem não estava satisfeito era o primeiro olho, pois fora substituído. Então Rá-Atum colocou-o na sua testa onde se tornou o protector da humanidade, associado a Uraeus a serpente cuspideira de fogo (como se representa nas cabeças dos faraós) ficando associado ao Sol; o outro olho ficou associado à Lua.

   2) do mito de Tebas, extraído de um baixo relevo do templo de Hatshepsut em Deir el-Bahari – Thebas, mostrando o deus Khnum modelando, no seu torno de oleiro, uma efígie do homem e a sua "Ka", a partir do barro. Sua esposa Heket, de joelhos, insufla-lhe o sopro da vida (simbolizado pela cruz ancada-ank).
c) *Mito Nórdico:* Ask, uma árvore, estava abraçada por um ramo de videira. E daí os deuses transformaram-nos em Homem e mulher.

d) *Mito Maia de Popol Vuh:* o homem foi feito da espiga de milho.
e) *Mito Esquimó da Groenlândia:* os homens saíram da terra, ainda crianças, sendo criados pela própria natureza.
f) *Mito Hindu bramânico. Extraídos dos textos sagrados Rig Veda e Brhadaranyaka Upanishad):* Havia um universo pre-existente cercado de água. O mundo, conforme conhecido, fora formado por força divina (Brama ou Prajapati) a partir de um caos preexistente.
O Homem teria saído do próprio deus primordial: da cabeça saíram os brâmanes (casta social dominante), dos braços saíram os guerreiros, das pernas os produtores e da poeira dos pés os servos (não-árias, ou "não-homens" «intocáveis»). Daí a explicação para as castas sociais.
g) Mitos gregos que se retiram dos poemas de Homero (Ilíada e Odisséia) e Hesíodo ("Os Trabalhos e os Dias" e "Teogonia") do século IX e VIII a.C., muito semelhante aos Mitos Egípcios.

Hoje, conhecendo infinitamente mais, ainda muitos procuram no transcendental, e na fé, respostas para as nossas mais íntimas questões existenciais, e em muitas culturas são ainda os Mitos que as proporcionam.

B – Filosofia versus Mitologia?

O aparecimento da filosofia, na Grécia, põe o probema da sua relação com os Mitos, nomeadamente os Mitos Gregos, conforme relatados por Homero e Hesíodo.

Antes de mais a filosofia assenta, não na crença, mas na razão, tentando encontrar explicações racionais baseadas em argumentos "científicos" e não de mera autoridade. Nisso diferindo do Mito que não põe, sequer, o problema da realidade racional.

Há os que afirmam que houve uma evolução gradual, pois o mito como forma de entender a realidade, estava enraizada profundamente na sociedade grega, pelo que seria natural haver uma confluência pelo menos na fase inicial da Filosofia. Até porque ambos tentavam dar resposta às mesmas questões: as origens dos deuses, do cosmos, dos seres vivos e suas preocupações. A abordagem era diferente, embora inicialmente a filosofia tivesse seguido a mesma estrutura, continuando as explicações Míticas mas de forma "secularizada", usando a razão e não a crença como meio de procura. Nesta interacção o Mito receberia da Filosofia a conceituação lógica, enquanto a Filosofia receberia do Mito os conteúdos.

Outros defendem a descontinuidade entre Mito e Filosofia, pois esta procurava uma explicação para as coisas baseada no raciocínio lógico, em elementos e causas naturais, assentes na combinação ou separação dos quatro elementos: ar, terra, fogo e água. E uma resposta que fosse coerente, lógica e racional, válida para o passado, presente e futuro e não somente para o passado. Não admitindo contradições, fabulações e coisas incompreensíveis. Enquanto o Mito não se importava com as suas contradições, com o fabuloso e o incompreensível.

Defendendo um ou outro ponto de vista, a verdade é que muitos elementos comuns aos Mitos irão persistir, durante séculos, por todo o helenismo e para além dele, consolidado por uma literatura sagrada, que funcionava como conforto, alívio para as preocupações e medos. Eles e as suas contrapartes, as lendas, falam de deuses, de monstros, de heróis meio-divinos meio-humanos, de acções heroicas, exploram o universo e fazem com que o homem supere a angústia.

Embora a história registe a oposição dos filósofos: Xenófanes (século VI a. C.) rotulou-os de blasfémias; Xenófanes dizia que Homero e Hesíodo atribuiam aos deuses "tudo o que é vergonhoso e escandaloso entre os homens, pois os deuses roubam, matam, cometem adultério, e enganam-se uns aos outros"; Platão criou os seus próprios mitos alegóricos, rotulando os antigos de mitos de "palavrões antigos"; Aristóteles, criticou Hesíodo e os escritores teológicos estavam preocupados unicamente com o que lhes parecia plausível e não tinham respeito pelos outros [...] e não aceitava a explicação de que o titã Atlas carregava a terra e o céu nas costas (afirmação que rotulou de "ignorância e superstição do povo grego"). Alguns foram mesmo perseguidos: Anaxágoras, auto-exilou-se fora de Atenas, por duvidar que a lua fosse uma deusa; Sócrates, foi acusado de impiedade, de ateísmo e de corromper os jovens com seus ensinamentos. Condenado, morreu por sua própria mão tomando cicuta.

O certo é que, socialmente, mitos e filosofia conviveram durante séculos. Mesmo nos nossos dias o leque de manifestações míticas é tão variado como são as abordagens filosóficas, sobre uma mesma realidade.

Capítulo II
AS GRANDES SISTEMATIZAÇÕES

1 - FILOSOFIAS E RELIGIÕES ORIENTAIS

O Oriente é o grande berço de todas as ideias religiosas que influenciaram o Ocidente, embora saibamos, hoje, que no Norte da Europa e em terras desconhecidas de então, como as Américas, existiram sistemas elaborados e complexos de crenças.

Com escrita desde o século XXX a.C. é possível um melhor conhecimento desse pensamento, base das crenças hindus: *Rig--Veda* (c. 3.000 a.C.), os Vedas e os Upanishads (1.500 a 500 a.C.).

Mas é essencialmente nos Séculos VII e VI a.C. que se dão as grandes estruturações, que irão desempenhar um papel decisivo nas civilizações e culturas futuras. É por essa época que, aí, aparecem os grandes sistematizadores: – Buda; Zoroastro; Mahavira e Confúcio.

Neste oriente havia civilizações estruturadas e avançadas, como a chinesa, e a hindu, pouco conhecidas ainda, mas que apresentavam níveis de organização em muitos casos superiores ao Império Persa, que dominava todo o restante Oriente, desde as montanhas do Hindu Kush e Vale do Indo, a sua fronteira mais oriental, até ao Mediterrâneo.

CONCEITO DE ORIENTE

Para aclarar conceitos, convém esclarecer o significado de

Oriente: estamos a falar, em termos geográficos, do continente asiático, o maior do planeta, limitado a Norte pelo Oceano Árctico, a oeste pelo Oceano Atlântico, a sul pelo Mar Mediterrâneo, pelo Mar Negro, pelas montanhas do Cáucaso e pelo Mar Cáspio, e a Leste, onde a delimitação é mais artificial, pelos Montes Urais e pelo Rio Ural. Ao todo cerca de 43 milhões de Km^2 (a Europa tem 10,5 milhões).

Hoje tem 60% da população mundial e não se errará muito se afirmarmos que nessa mesma época a proporção populacional seria maior (há escritores que afirmam que no seu auge o Império Romano teria 50% da população mundial, mas devemos atender que abrangia parte do Oriente Médio, que constituíra o Império Persa).

Aí se desenvolveram grandes civilizações ao longo dos seus extensos rios e vales férteis que permitiam sustentar grandes aglomerados urbanos.

Mas esta realidade não era, nem hoje nem naquela época, uniforme sob o ponto de vista civilizacional. Hoje é comum distinguir entre o Extremo Oriente e o Médio Oriente, embora muitas vezes se distinga também um Próximo Oriente.

A – EXTREMO ORIENTE

O Extremo-Oriente constitui-se pelo universo de duas culturas:

a) Civilização Chinesa

Desenvolveu-se ao longo de dois importantes Rios: o Rio Amarelo, no norte, abundante em chuvas onde se cultivava trigo e milho; e o Rio Azul no centro montanhoso, de clima seco e húmido, onde se cultivava o arroz.

Situada no extremo oriental do mundo, a geografia ajudava ao seu isolamento, pelo que se assiste a um desenvolvimento próprio não partilhado com os restantes, mesmo com o seu pioneirismo em muitos sectores: descobertas e invenções a pólvora, a bússola e o papel.

Como se a geografia não bastasse, construiu, na dinastia Tsing (século III a.C.), uma imponente obra defensiva, uma gigantesca muralha com 2.400 Km de comprimento, para se defender das invasões dos hunos.

Possuia uma unidade racial bem mais acentuada do que os outros Orientes, e uma língua escrita comum, que unifica esta cultura.

Sociedade essencialmente dependente da agricultura, onde o imperador, deificado "o filho do céu" era o governante absoluto. Mas outras actividades económicas foram surgindo: artesanato; tecelagem de palha e cânhamo, bambu, juncos, caniços, peles de animais e madeira; a fabricação de seda, que se tornou famosa em todo o mundo; a fabricação de cerâmica diversa incluindo a fabricação da famosa porcelana chinesa.

O período de ascensão dá-se com a dinastia Shang (séc. XII-III a.C.). Nesse período de intensa atividade cultural, surgiram Centros Escolares, destinados a exercitar o pensamento e estudar a milenar história da China. Destas escolas surgiram grandes pensadores como Confúcio e Lao-Tsé. Desenvolveram a arquitectura (palácios, templos e túmulos; a escultura, usando mármore, calcário, alabastro, e jade); fizeram estátuas representando forças da natureza, e animais; usaram a pintura, sobretudo ornamental, em porcelana e tecido e mural e como decoração do interior das casas.

Desenvolveram desde cedo uma escrita ideográfica (sinais como representação de objectos ou ideias). E aplicaram-na ao serviço da administração.

b) Civilização Hindu

A cultura hindu desenvolve-se no Vale do Rio Indo, para lá deste Rio e confinada pelos montes do Hindu Kush, com vagas de imigrações vindas sobretudo do planalto iraniano, que dominaram os outros povos desde cerca de 1400 a.C. na região dos cinco rios, próxima ao Rio Indo. Era portadora de uma mesma língua base, o sânscrito, que vai constituir um instrumento de identificação religiosa. A sociedade organizou-se na base de **castas**, sustentadas pela religião: Brama teria sido o criador dos homens a partir do seu próprio corpo: da sua cabeça criara os sacerdotes, os brâmanes, a classe mais alta; dos seus braços os guerreiros, com o poder político; das suas pernas os Vaicias, comerciantes, camponeses e artesãos; dos seus pés os Sudras, os servos; e finalmente da poeira dos pés os Párias, que não eram verdadeiramente humanos.

Assim definidas por um deus criador permaneciam imutáveis e estanques, regulando as funções sociais.

Estas civilizações eram tão ricas e avançadas como mais a ocidente nos Vales dos Rios Nilo ou Eufrates, embora, durante muito tempo, pouco conhecida, dadas as barreiras naturais. Daí terem-se expandido mais para o leste do que para o oeste, para as regiões que são hoje a Índia, a China a Birmânia, o Cambodja, a Tailândia e algumas ilhas da Oceania.

Esse isolamento permitiu-lhe conservar muitos dos seus traços distintivos, em face dos grandes Impérios (Persa, Greco-persa e Romano) que se foram sucedendo sem nunca conseguirem ultrapassar as referidas barreiras naturais.

B – MÉDIO ORIENTE, QUE ENGLOBA O PRÓXIMO ORIENTE:

Universo de variadas culturas: suméria, assírio-babilónica, judaica, egípcia e medo-persa.

Foi neste universo que se criou o imenso Império Persa, desde o Vale do Indo e as Montanhas do Hindu Kush (Actual Afeganistão e Paquistão) confinando com a Ásia central e Cáucaso, até ao Mediterrâneo e norte de África. Mais acessível em termos geográficos, verá sucederem-se os Impérios nesse imenso território, e a interacção cultural e religiosa. Aí se criaram e fundiram as crenças que influenciaram o pensamento "ocidental", num processo bastante diferente do que sucedia no extremo oriente.

2 - FILOSOFIAS DO EXTREMO ORIENTE

A - Religiões ou filosofias?

No Oriente há que olhar as religiões de forma diversa do olhar monoteísta, que exige uma pertença exclusiva.

Aqui pode-se adoptar mais que uma e mesmo todas as religiões ao mesmo tempo: ser budista, confucionista, taoista ou politeísta ao mesmo tempo. Por exemplo, pode ser-se:

- Confucionista para as questões familiares e problemas éticos;
- Taoista para problemas de saúde;
- Budista para realização de cerimónias fúnebres;
- Politeísta, invocando os deuses e espíritos locais, para questões do dia a dia a que as crenças anteriores não respondam ou conforme às tradições.

Trata-se na verdade de uma abordagem humanista preocupada com o ser humano e seus problemas mais do que com os deuses. Estes são chamados à questão enquanto entidades que interagem e afectam as pessoas. Daí a menor relevância dada à discussão sobre os deuses, ao contrário do Ocidente.

Trata-se de conseguir um viver correcto, para que os deuses lhe concedam o que desejam, para si e para toda a humanidade: como se comportar, como organizar a sociedade, a família, o governo, de modo a atingir essa vida. Isto não quer dizer que se esteja perante uma simples filosofia, antes se trata de não fazer grande diferença entre esta e a religião.

O que tem de interessante a realidade oriental é a de continuar viva e actuante durante este longo período histórico, ao contrário do Ocidente onde a ideia de um Deus único uniformizou todo o pensamento religioso, de que só a partir da 2ª metade do século XX tem vindo a libertar-se. Curioso é o facto de uma grande corrente do pensamento religioso europeu ter vindo a adoptar muitas das ideias e filosofias orientais, nomeadamente as Budistas, sem no entanto adoptar os seus rituais.

Vejamos este contributo para as ideias religiosas deste Oriente então tão distante, mas agora parte da Aldeia Global.

1 – Confucionismo

Confúcio (século VI/V a.C.) nasceu numa família nobre chinesa, durante a Dinastia Zhou Oriental. Aliás, só a nobreza era letrada, e Confúcio inspirou-se nos escritos antigos do I *Ching* (Livro das Mutações) que remonta ao século XXX a.C.

De acordo com o Confucionismo, uma vida boa e obediente só pode surgir numa sociedade bem disciplinada, que valoriza a cerimónia, o dever, a moralidade e o serviço público.

O Confucionismo abrange todos os aspectos da vida humana: educação, família, governo, interacção com os espíritos, até os funerais. No fundo procura encontrar soluções para todos os problemas do homem.

Confúcio propunha mesmo uma fórmula para um bom governo: um bom governante seleccionaria os seus ministros dentre os que adoptassem uma conduta ética na solução dos problemas, visando, como valor máximo, o bem-estar das pessoas.

Embora pouco práticas, o certo é que suas ideias, modificadas por discípulos que se lhe seguiram, foram, muitos anos depois, adoptadas como regras oficiais de governação por imperadores chineses, sobretudo pelo Imperador Han (I a.C.) e foram uma constante durante todo o período até à República, e mesmo nesta foram adoptadas nos anos 1930 por Chiang Kai Shek e por Taiwan desde 1949. E parece manterem-se vivas na sociedade chinesa actual, mesmo sem acolhimento oficial.

Ideias básicas

1 O indivíduo não existe isolado, responsável só por si mesmo, mas está imerso numa intensa teia de relações desde o momento do nascimento até à morte. Quando se nasce pertence-se a uma família que engloba pais e filhos, mas também os ancestrais e os que ainda não nasceram. E, enquanto se vive, tece-se uma enorme rede de relações com outros indivíduos.

2 Tudo na vida é relacional, dependendo o sucesso, de um, das suas relações com os outros, sendo as qualidades inatas e pessoais, secundárias.

2 – Daoismo ou Taoismo

Daoismo é o conjunto de ensinamentos filosóficos e práticas religiosas que nasceu na China, também inspirado no referido Livro I Ching (Livro das Mutações).

Baseia-se nos escritos místicos de Lao-Tsé e Zhuangzi (Chuang Tse) durante o Período dos Estados Guerreiros e tornou-se a religião das elites no século V d.C. O seu texto fundamental é o Tao Te Ching, originalmente escrito por Lao-Tsé, e reflecte sobre o caminho para a humanidade eliminar o conflito e o sofrimento.

O homem deve viver segundo as leis da natureza, deixando que esta siga o seu curso natural. Deve viver em harmonia com esta por meio do Dao, ou "O Caminho", criando uma grande harmonia cósmica. Todos os males decorrem de se interferir nesse curso natural, pelo que a humanidade deve evitá-las e voltar-se para um modo de vida simples, ligado à natureza.

Afastando-se, assim, do Confucionismo, que põe o acento tónico na ética e educação. Para o taoismo quanto mais educação uma pessoa tiver mais afastada se encontra de uma vida simples e natural.

Usa a imagem da água para demonstrar a virtude da não contenção, pois aquela é a mais mole de todas as coisas e, no entanto, gasta a mais dura das pedras; e a imagem feminina, pois que o feminino acaba sempre por triunfar, segundo o princípio Taoista de usar a fraqueza para ultrapassar a força.

O Taoismo é fortemente influenciado pela religião popular chinesa, e os deuses taoistas são figuras históricas que demonstraram poderes excepcionais em vida.

Algumas "divindades" taoistas:

- **Imperador Jade.** Considerado o soberano supremo de todas as divindades chinesas, o Imperador Jade teria criado a humanidade a partir do barro. Os taoistas invocam-no nos aniversários, para dar boa sorte e longevidade, e também na noite do Ano Novo Chinês.
- **Cai Shen.** O deus Chinês da Prosperidade e Riqueza, representado por um tigre negro, é amplamente venerado pelos chineses. Acredita-se que Cai Shen teria sido um general da Dinastia Qin.
- **Kuan Yin.** Mais conhecida como a Deusa da Compaixão, Kuan Yin é venerada por Budistas e Taoistas como um ser iluminado e imortal. Seu nome significa "Observando os Sons do Mundo Humano". Em sânscrito, ela é Padma-pâni, ou "Nascida do Lótus".

3 – Budismo Chinês

Inicialmente fundado no século VI a.C. (563-483 a.C.)

pelo príncipe indiano nascido no que é hoje o Nepal, Siddhartha Gautama, que descontente com a sua vida renunciou ao reino, deixou mulher e o filho recém-nascido, iniciando uma vida ascética de viajante. Passados 6 anos renunciou ao ascetismo, começou a comer e beber, e sentou-se debaixo de uma árvore (Bodhi), jurando ficar aí até que compreendesse como escapar ao ciclo de reincarnação. Foi então que teve uma revelação que interpretou como explicando o significado e verdadeira natureza da existência. Daí ter sido chamado de Buda, significando "o Iluminado". Com a sua morte atingiu o Nirvana, estado de felicidade, em lugar de reincarnar.

Embora não sendo uma religião nativa, foi levado da Índia para a China no século I d.C., durante a dinastia Han, e tornou-se popular no século III d.C., coincidindo com o período de divisão da China em vários estados independentes (III-VI d.C.). Constituiu uma resposta a esses tempos de incerteza e dificuldades. Trazia ideias novas, bastante diferentes das da cultura chinesa da época:

- a reincarnação versus uma só vida;
- A ideia de vida monástica e celibatária versus uma vida familiar e de procriação;
- a não existência de uma alma individual versus a crença em almas divinas e terrenas.

Com esta nova doutrina os chineses começaram a incorporar a crença na reincarnação, tornando-se os mortos, os ancestrais que se homenageavam nos templos budistas.

A tolerância, o pacifismo e a equidade promovidos pelo Budismo influenciaram significativamente a cultura asiática.

Doutrina Budista

O Budismo consiste no ensinamento de como superar o sofrimento e atingir o nirvana (*estado total de paz e plenitude*) por meio da disciplina mental e de uma forma correcta de vida.

1 Há uma lei do Karma, segundo a qual as acções de uma pessoa determinam a sua condição na vida futura.
2 Não existe nenhum Deus absoluto ou pessoal. A existência do mal e do sofrimento é uma refutação da crença em Deus. Os que querem ser iluminados necessitam seguir seus próprios caminhos espirituais e transcendentais.
3 O homem não tem valor e sua existência é temporária. Todas as criaturas são ficções.
4 As forças do universo procurarão meios para que todos os homens sejam iluminados.
5 A alma do homem é uma emanação da alma colectiva: a reencarnação é um ciclo doloroso.
6 O caminho: o impedimento para a iluminação é a ignorância. Deve-se combater a ignorância, lendo e estudando.

Tudo se pode exprimir, conforme ensinou Buda, nas Quatro Verdades e a vida correcta faz-se seguindo o Caminho dos oito passos.

A – As quatro verdades

Estas descrevem a natureza do sofrimento e como ultrapassá-lo a partir da acção humana.

1ª A Natureza do Sofrimento (Dukkha)

> *"(...) ...nascimento é sofrimento, envelhecimento é sofrimento, enfermidade é sofrimento, morte é sofrimento; tristeza, lamentação, dor, angústia e desespero são sofrimentos; a união com aquilo que é desprazeroso é sofrimento; a separação daquilo que é prazeroso é sofrimento; não obter o que queremos é sofrimento; em resumo, os cinco agregados influenciados pelo apego são sofrimento (...)"*

2ª A Origem do Sofrimento (Samudaya)

> *"(...) é o desejo que conduz a uma renovada existência, acompanhado pela cobiça e pelo prazer, buscando o prazer aqui e ali; isto é, o desejo pelos prazeres sensuais, o desejo por ser/existir, o desejo por não ser/existir (...)"*

3ª A Cessação do Sofrimento (Nirodha)

"(...) é o desaparecimento e cessação sem deixar vestígios daquele mesmo desejo, o abandono e renúncia a ele, a libertação dele, a independência dele (...)"

4ª O Caminho (Mārga) para a cessação do Sofrimento

"(...) é o Caminho Óctuplo, dos oito passos, que permite acabar com o sofrimento e atingir a iluminação (...):

B – O caminho dos oito passos

É o método em oito etapas criado por Buda para conduzir o praticante atéà sua iluminação espiritual. É simbolizado pela roda de oito raios, o *dharmachakra*.

1º *a perfeita compreensão:* Consiste no estudo da doutrina budista e na consequente compreensão correcta da realidade.

2º *a perfeita aspiração:* O praticante deve adquirir a firme intenção de perseverar no caminho budista.

3º *a perfeita fala:* O praticante deve falar de um modo agradável, verdadeiro, cortês e tranquilo. Deve evitar falar rispidamente. Ao contrário, deve procurar sempre falar com palavras bondosas e sábias, e evitar conversas vazias e palavras ríspidas.

4º *a perfeita conduta:* Implica seguir os **cinco** mandamentos budistas (**a**) não ser agressivo; (**b**) não roubar; (**c**) não ser sensualmente impuro (o que é uma regra abstracta, geralmente interpretada como significando não cometer estupro, incesto ou adultério. Quanto ao homossexualismo, há polémica: algumas escolas budistas permitem-no, outras não), (**d**) não mentir; (**e**) não beber álcool nem tomar drogas (embora a proibição do álcool não seja tão rígida como no Islamismo, por exemplo).

5º *o perfeito meio de subsistência:* O praticante deve possuir um meio de subsistência que não vá contra a doutrina budista.

6º *o perfeito esforço:* O praticante deve esforçar-se por aplicar em sua vida os ensinamentos budistas.

7º *a perfeita atenção:* O praticante deve estar atento à sua conduta, para que não cometa qualquer erro moral.

8º *a perfeita contemplação:* O praticante deve meditar frequentemente sobre o sentido da vida.

O Budismo reinterpretou a ideia de Karma para significar com isso os efeitos do desejo: cada acção em que esteja presente um desejo egoísta, resulta em acumulações cármicas e por conseguinte em reincarnação. Quando se conseguir eliminar o desejo, a pessoa comportar-se-á de forma pura, liberto de preocupações e desejos pessoais, e as suas acções serão puramente altruístas. Atingindo assim a Iluminação, como aconteceu a Buda, e libertando-se do ciclo de reincarnação.

Esta proposta assumia essencialmente um cariz individualista: cada pessoa era responsável pelo seu próprio caminho, e o melhor meio era ingressar num mosteiro, assim cortando as ligações com o mundo, que produz os desejos. Era levar uma vida de meditação, sem trabalho, o que pressuponha ser sustentado por esmolas e doações da restante comunidade a quem prestariam alguns serviços no domínio da educação, saúde, plantação de árvores etc.

Era um caminho difícil e penoso, pelo que depressa apareceu um mais fácil: o Grande Veículo ou Mahayana, em que a iluminação individual podia ser conseguida com assistência ou ajuda dos Bodhisattvas (candidatos a Buda), que poderiam ter conseguido a iluminação quebrando o ciclo da reincarnação, mas que escolheram esta, para ajudar outros a consegui-la. Homens Santos, a quem se pode pedir assistência para muitas e variadas actividades humanas.

Esta forma de caminho tornou-se prevalecente na China e em breve fez nascer muitas seitas com ideias diferentes das que Buda pregara e do modo como propusera a sua implementação; ou conforme as diferentes práticas, como a meditação ou recitação de mantras. Com o tempo sofreu mutações e transformações, dividindo-se em várias seitas, que acabaram por convergir em **três correntes principais:**

1ª Theravada, que prevaleceu no sudeste asiático.

2ª Mahayana, que prevaleceu na China, Coreia e Japão.

3ª Tantrayana, no Tibete, Mongólia, Nepal, Butão e Manchúria.

4 – Budismo Tântrico

Da seita Mahayana surgiu o Budismo Tântrico que se tornou popular na China, Tibete e Mongólia: baseado num apêndice das escrituras, chamado de Tantras, afirma que se pode conseguir a iluminação com a ajuda de um professor. Estes textos seriam tão poderosos e com uma linguagem tão difícil e misteriosa que não podiam ser estudados sozinhos, exigindo a supervisão de um mestre.

Os Tantras exigem um envolvimento do corpo, espírito e fala, na procura da iluminação. E põem o acento na união de todas as coisas, pelo que contemplam dois aspectos na mesma coisa ou pessoa: um bom e um mau. Há muitas variedades de práticas Tântricas, especialmente no Tibete, algumas dizendo que certos Lamas (mestres) conseguem escolher as suas futuras reincarnações (Budas vivos), numa linhagem ininterrupta. O mais conhecido é o Dalai Lama que seria o 14º, representando a 13ª reincarnação do 1º Dalai Lama, que por sua vez seria a reincarnação do Bodhisattva da Compaixão.

Este Budismo Tibetano usa uma forma muito visual e verbal, traduzida no uso de objectos, como rodas de oração, campainhas etc, na vida quotidiana e nos Templos, cheios de mandalas (pinturas simbólicas) estátuas, tapetes, oferendas, como forma de oração. Daí ver-se em frente das estátuas de Buda, manteiga, velas acesas etc., muitas vezes envolvidas em panos e lenços. O estudo é verbal, com os monges em recitações conjuntas e em debates acompanhados de gestos e frases.

5 - HINDUÍSMO

O Hinduísmo é uma espécie de chapéu para designar um conjunto de crenças, espiritualidades e filosofias de diferentes matrizes: panteístas, ateístas, politeístas, tendo em comum coexistirem no espaço geográfico do subcontinente Indiano.

Embora seja também referido, pelos seus seguidores, como Sanatana Dharma (do sânscrito, que significa "lei eterna"), comporta muitas variantes, crenças e seitas, o que o torna um mosaico religioso e social.

As suas raízes remontam aos textos escritos cerca de 1.500 a.C., embora estas ideias possam ter sido anteriores, trazidas pelas invasões arianas, no que é designado por religião Védica histórica.

Os cultos hinduístas têm por base um vasto conjunto de textos escritos que se dividem em Sruti (revelações) e Smriti (lembranças) e versam sobre uma multiplicidade de temas: teologia, filosofia, mitologia. Constituem uma fonte de informação sobre a forma correcta de levar uma vida espiritual (Dharma). Os mais importantes são os Vedas e os Upanishadas. Mas há outros: Tantras, Agama, Puranas, e os épicos Mahabharata e Ramayana, além do usado pelos Hara Krisna, o Bhagavad Gita, considerado um resumo dos ensinamentos espirituais dos Vedas.

Mitos Bramânicos da criação

Dos textos sagrados extrai-se um conjunto de Mitos cosmogónicos e teogónicos que ainda hoje perduram. Esses textos descrevem um universo preexistente cercado de água. O mundo, conforme conhecido, fora formado por força divina a partir de um caos preexistente.

O Homem teria saído do próprio deus primordial Brama (ou Prajapati): da cabeça saíram os brâmanes (sacerdotes-casta social dominante); dos braços saíram os Xátrias (os guerreiros); das pernas os Vaicias (agricultores e comerciantes); e dos pés os Sudras (empregados, camponeses, artesãos, operários) e da poeira dos pés os Dalits (impuros, "não homens", ou "intocáveis"). Estaria assim constituída uma hierarquia social de origem divina:

- Os brâmanes considerados mais importantes por terem sido gerados da cabeça do deus. Com direito a uma educação privilegiada, encaminhados por mestres para aprenderem os textos sagrados dos Vedas e dos Upanishads.
- No outro extremo, os sudras não receberiam educação.
- E muito menos os Dalits, ou párias, por não terem origem divina, não pertencerem a qualquer casta e por isso intocáveis e reduzidos a uma condição miserável.

Entendendo-se, assim, a durabilidade deste conceito social de castas e a dificuldade em lhe pôr termo, com a sociedade civil a legislar o seu fim, e dos seus privilégios, e os hábitos e costumes opondo resistência.

Segundo a cosmogonia hindu, há dois momentos importantes no ciclo temporal do universo: o dia e a noite de Brama. No dia de Brama era criado o universo e depois, num determinado instante, o universo era destruído pelo deus Shiva, e começava a noite de Brama.

O exemplo da sociedade hindu é apenas mais um exemplo de como os mitos sobre a criação do Universo fazem bem mais que resolver questões existenciais ao estabelecer relações de poder e detalhar códigos de conduta. São ferramentas importantes para a coesão social, parte indispensável da cultura e da identidade de um povo.

Panteão Hindu

O Hinduísmo tem muitos deuses, sendo quase impossível uma lista exaustiva. Eis os principais

1 **Brahma**, o Criador, com a sua cara de quatro faces, simbolizando que tudo vê.

2 **Sarasvati**, esposa de Brama, a deusa do conhecimento, e desloca-se montado num cisne branco.

3 **Vishnu**, o Conservador, que montando um cavalo branco, visitou a terra em nove reincarnações: as seis primeiras como animal com forma humana; a 7ª veio como Rama (a esposa é Sita); a 8ª como Krishna (casado com Rahda, Rukmani, Satyabharma); a 9ª como BUDA (no que os budistas divergem e por isso se separaram) e a 10ª como Kalki, casado com Lakshmi, a deusa da riqueza e da prosperidade (que se desloca montado na ave garuda levando uma concha e um disco).

4 **Shiva** (Sheeva), o destruidor.

5 **Parvati**, esposa de Shiva, a Linda, que monta Nandi, o touro, traz um tridente e aparece sob várias formas:

- Como **Durga** a terrível, com dez braços, que carrega armas e monta um leão ou um tigre, e assume mudras ou gestos simbólicos com a mão.
- Como **Kali**, a mais terrível das deusas que exige sacrifícios e usa um colar de crânios.

6 **Os filhos de Shiva e Parvati:**

Ganesh, o deus da prosperidade e do conhecimento, que circula montado num rato. Tem uma cabeça de elefante. A lenda relata que sua mãe, Parvati, mandou-o guardar a entrada da casa enquanto ela se banhava. Entretanto, um estranho aproximou-se e preparava-se para entrar. Ganesh tentou impedi-lo e, tomado de raiva, este cortou--lhe a cabeça. Ora o estranho era Shiva, seu pai, que voltava de uma longa viagem e por isso não se haviam reconhecido. Parvati obrigou Shiva a voltar a dar vida ao seu filho mas este só pode fazê-lo dando-lhe a cabeça do primeiro ser vivo que viu, neste caso um elefante.

Kartikeya, o segundo filho, conhecido por vários outros nomes, sobretudo a sul onde é conhecido como Murugan. Personificação da perfeição, deus da guerra, líder das forças de deus no combate contra os demónios.

7 **Hanuman** que se manifesta como macaco, encarnação de Shiva, um grande herói.

As crenças Hindus não contemplam a existência de uma alma individual. Para os crentes na reincarnação existe uma alma cósmica colectiva de que as dos seres vivos são emanações. O "prémio" obtém-se levando uma vida correcta que permita atingir a iluminação, altura em que a "alma individual" se integrará novamente na alma colectiva donde proveio, pondo fim ao ciclo, doloroso, de reincarnações (nirvana). Até lá, após a morte, irá reincarnando noutros seres vivos conforme a vida que levou.

6 – O JAINISMO ou Janismo

O Jainismo é uma religião que nasceu na Índia no século VI a.C. e foi fundado por Vardamana ou MAHAVIRA, contemporâneo de Buda.

Vardamana, um príncipe do norte da Índia que, aos 28 anos de idade, abandonou sua vida luxuosa para se dedicar à busca da verdade e que o povo apelidou de "Jin" em sânscrito, que significa "conquistador" (daí o nome desta filosofia) ou *Mahavira*, que significa "grande herói".

Após 14 anos de jejuns, de debates e meditações, acreditou ter descoberto uma resposta às suas dúvidas espirituais e criou a doutrina do Jainismo. Este assenta na reincarnação após a morte, num longo ciclo, até chegar a um estágio de máxima evolução espiritual, no qual cessam. Ensina como acelerar esse processo de evolução espiritual através do cultivo de valores como a não violência, a honestidade, a castidade, a ausência de cobiça e a pobreza, em suma, como combater as paixões que levem à libertação do mundo.

O Jainismo é uma religião sem deuses e que procura alcançar na transmigração a paz do espírito, com uma visão dualista: todo o ser vivo constitui-se por matéria, e espírito, sendo este o resultado das acções do ser vivo.

Baseia-se em vários textos sagrados:

- os Culika-sutras, que se dirigem à natureza da mente e do conhecimento;
- os Chedra-sutras, que contêm as regras do ascetismo para os monges jainistas;
- o Ágama, texto considerado como uma colecção de diálogos do próprio Mahavira.

A fé alcança-se com a leitura dos Agamas do Mahavira, onde encontra os preceitos dos 24 profetas, chamados "tirthankaras".

Dentre os seus muitos ensinamentos, destaca-se a doutrina do karma (o destino de cada pessoa) e a crença no nirvana (condição em que uma pessoa atinge a libertação da morte).

O jainista, para alcançar a liberdade, o conhecimento, a fé e a virtude, deve levar uma vida eremita, vivendo exclusivamente de esmolas. E ter um absoluto respeito por todo o ser vivo, com especial ênfase na protecção dos animais, com proibição de matar qualquer ser vivo.

Um dos seus seguidores foi Ghandi, que afirmava que "deus não é a verdade, a verdade é que é deus".

3 – RELIGIÕES DO MÉDIO ORIENTE

O Império Persa

Por volta do século XV a.C., tribos nómadas da Ásia Central deslocam-se para o que é hoje o Irão e parte daí para a formação de um grande Império Medo-persa.

Formado a partir de 549 a.C., por Ciro o Grande, e seu sucessor Dario I, durou cerca de 200 anos, até à sua conquista por

Alexandre. Foi um Império enorme, com a capital em Persópolis, que englobava toda a Ásia Menor, incluindo as cidades gregas da Jónia (desde 546 a.C., quando conquistou a Lídia), até à Índia, com limite no Vale do Indo e nas montanhas do Hindu Kush (cordilheira no Afeganistão e Paquistão Ocidental), o Egipto, a Mesopotâmia (Assíria e Babilónia), Síria, Palestina, Fenícia. Tendo mesmo tentado conquistar a Grécia continental, sem sucesso (I e II guerras persas 490 e 480 a.C.). Ou seja, o que é hoje: Irão, Iraque, Síria, Líbano, Jordânia, Israel, Egipto, Turquia, Kuweit, Afeganistão, parte do Paquistão, da Grécia e da Líbia.

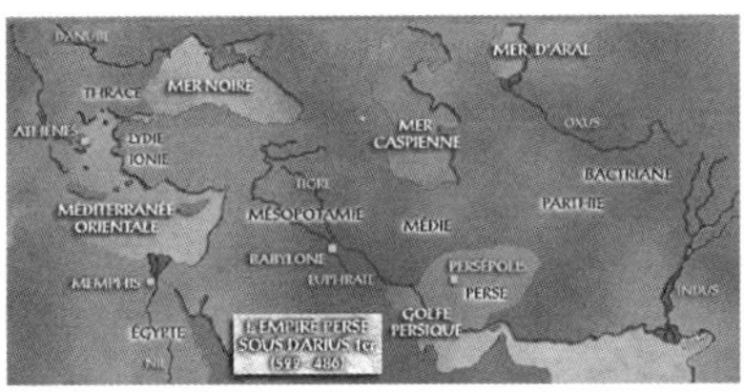

Dario I montou uma organização político-administrativa descentralizada, dividindo o Império em Satrapias. Cada uma era governada por um sátrapa nomeado pelo rei. Para evitar abusos dos sátrapas nomeava também um secretário e um general que o deviam manter informado de tudo o que acontecia. E criou um corpo de inspectores que as visitavam e que foram chamados de "os olhos e os ouvidos do rei".

As satrapias tinham como principais atribuições:

- Fazer justiça;
- Cobrar impostos;
- Administrar as obras públicas;
- Manter a ordem.

A economia era de base agrícola, e os agricultores pagavam o amanho das terras com a entrega ao proprietário da maior parte da colheita, sendo ainda obrigados a trabalho gratuito na construção civil e sistemas de irrigação. Mas havia também um comércio importante. Atento às suas necessidades criou-se uma moeda comum, em ouro e prata (o dárico), construíram-se estradas entre as cidades mais populosas, com postos de descanso (hospedarias e cocheiras) cada 20 Km[2].

Toda a sociedade estava sujeita a pesados impostos, em especial os povos dominados, e a servir no exército do Rei.

A sua prosperidade e riqueza fizeram florescer a cultura e as artes, tendo-se distinguido principalmente na arquitetura, construindo palácios, como os de Persépolis e Susa, e na escultura (baixos-relevos). Imitaram, na arte, os egípcios e os assírios.

Em termos religiosos respeitou os cultos dos diversos povos, mas a partir de certa altura adoptou o Zoroastrismo como religião oficial.

1 – O Zoroastrismo

Faravahar: representação da alma humana

Zaratustra (Zoroastro, em grego) terá vivido no século VII/VI a.C. na região onde hoje se localizam o Irão e o Afeganistão, e que era na altura o Império Medo-persa. A noção de centralismo imperial vai estender-se ao pensamento religioso, no sentido de o organizar e sistematizar. Esse foi o grande papel de Zaratustra.

Escreve um livro, o Zend-Avesta ou Avesta, baseado numa revelação divina que se vai tornar no centro de um novo culto, conhecido como o Zoroastrianismo ou Masdeísmo ou Parsi, que foi adoptado como religião oficial do Império Persa (Período dos reis aqueménidas (538-330 a.C.) e mais tarde com a dinastia Sassânida (226 d.C.), que reclamou a herança Persa).

O Zend-Avesta ou Avesta, que significa "comentário sobre o conhecimento", terá sido codificado cerca de 600 a.C. embora contenha textos mais antigos: os Gathas. Estes, talvez do século XIII a.C., são, no entanto, apenas uma pequena parte do Avesta, e contêm o credo Zaratustriano, sob a forma de hinos.

O Avesta, que não aparece como escrito directo, ou por interposta pessoa, da divindade, sistematiza toda uma doutrina que irá influenciar decisivamente as crenças mais a ocidente, e ainda hoje com seguidores: os Parsis (persas emigrados para Bombaim, Índia, e os guebros, que ainda permanecem no Irão).

DOUTRINA

O Zoroastrismo sistematiza o pensamento religioso em torno de conceitos que irão enformar todo o pensamento religioso futuro e que será a matriz do cristianismo.

A – O Dualismo

Zaratustra desenvolve um dualismo radical, com dois princípios criadores opostos e em luta eterna: o Bem e o Mal, conforme consta do Gathas, Yasna 30:

1 Existem dois espíritos primordiais, gêmeos, conhecidos como estando em conflito; um bom, o outro mau; em pensamento, palavras e actos. Entre eles o homem sábio escolherá acertadamente, o ignorante não.

2 Estes dois espíritos, no princípio das coisas, criaram a Vida e a Não Vida. No final, a pior existência estará destinada aos seguidores da Mentira; aos virtuosos a melhor intenção.

São ambos deuses criadores:

Ormuzd ou Ahuramazda – O deus Supremo é o criador original de tudo o que há de Bom, organizador do mundo de modo perfeito e que tudo sustenta, representado pelo fogo, símbolo da pureza.

Angra Mainyu ou Ahrimâ – referido nos Gathas como "a Mentira" – é o deus hostil e destruidor, líder dos demónios, representado como uma serpente, criador de tudo que há de Mal (crime, mentira, dor, secas, trevas, doenças, pecados, ignorância, imperfeição etc.).

Cada lado tem os seus auxiliares:

- do lado do Bem, os seis espíritos, chamados Imortais Sagrados (*Amesas Spenta*): Espírito do Bem, Retidão Suprema, Governo Ideal, Piedade Sagrada, Perfeição e Imortalidade.
- do lado do Mal outros seis espíritos, mas demoníacos: Mau Pensamento, Mentira, Rebelião, Mau Governo, Doença e Morte.

As forças do bem e do mal actuam no plano geral do universo, mas também nos indivíduos e na sociedade, e manifestam-se nas plantas e animais, nos cataclismos e doenças.

O papel do bem é não só opor-se ao mal, mas também transformar o mal em bem. Os espíritos bons e os demónios maus, estão em constante luta, e a humanidade deveria apoiar os bons a fim de apressar a inevitável vitória de Ahuramazda. O príncipe da Luz deverá vencer o príncipe das trevas, mas não o consegue destruir.

B – Vida após a morte: julgamento, recompensa e castigo

O zoroastrismo acredita na vida para além da morte, numa alma individual, sobrevivendo ao corpo, eterna, e num julgamento individual logo após a morte. Com recompensa e castigo em conformidade com o lado que escolheu.

Trata-se de uma alma individual, assim se afastando das doutrinas mais a oriente onde a alma da pessoa é vista como uma parte de uma alma universal e cósmica. Mais parecida com a doutrina egípcia da alma individual, com a diferença de, nesta, a alma não ser eterna, ter necessidade de uma ligação ao corpo.

C – Ressureição e juízo final

É um conceito novo que encontraremos no centro da crença cristã: num dado momento futuro (final dos tempos) haverá a ressurreição dos mortos e um segundo julgamento universal, com recompensa e castigos definitivos:

Zoroastro avisou o povo de que haveria um Último Julgamento: No final dos tempos (o mundo duraria doze mil anos) «*surgirá da raça persa o Shah Bahram, o Senhor Prometido, o Salvador do Mundo, o Grande Mensageiro da Paz*». Este seria da linhagem de Zoroastro e nasceria de uma virgem que conceberia ao banhar-se no lago onde ele havia deixado o seu sémen (a semente da sua doutrina).

Ocorrerá então a ressurreição dos mortos, com o Salvador a separar os bons dos maus: os anjos conduziriam todos os homens através de uma ponte estreita onde seriam julgados por Spenta Manyu (bonito noivo): os amigos de Ahrimá (deus do mal) cairiam num enorme lago de fogo, chamado a Pior Existência, ou Casa da Mentira (Drujo-Demana); enquanto os seguidores de Ormuzd ou Ahuramazda, o deus do Bem, atravessariam para o Paraíso, um mundo material e espiritualmente perfeito e eterno, a Casa das Melhores Intenções (Garo Demana).

Haveria, ainda, algo semelhante ao purgatório, Hamestagan, para onde iriam as almas que cometeram tanto boas quanto más acções.

D – Um Messias e Salvador

Até ao dia do Juízo Final seriam enviados sinais e ajuda:

- No fim de nove mil anos, ocorreria a segunda vinda de Zaratustra como um sinal e uma promessa.

- Seria seguido do nascimento miraculoso do Saoshyant, com a missão de aperfeiçoar os bons para o fim do mundo, e ajudar o Bem a triunfar sobre as forças do Mal.
- A cada mil anos viria um profeta/messias (Saoshyant).
- Nos últimos três milénios, três Saoshyant preparariam o referido Juízo Final.

E o homem, no meio deste confronto?

Composto de corpo e alma, esse dualismo que persistirá em todas as culturas, é-lhe dado livre arbítrio para escolher o lado do Bem, seguindo certos valores (diligência, respeito dos contratos, obediência aos governantes, a procriação de uma prole numerosa, o cultivo da terra, fidelidade, amar e auxiliarem-se uns aos outros, amparar os pobres e ser hospitaleiro); Ou, em alternativa, escolher o lado do Mal.

A proposta salvífica é a de todo o homem seguir a virtude, que é o caminho divino e não demoníaco (cultivado com bons pensamentos, palavras, acções, honestidade, caridade e verdade). Deve tentar, sempre, copiar o reino prometido, enquanto este dia não chega, e encontrar o melhor caminho para a salvação da alma. Para o que lhe são ministrados os necessários ensinamentos e uma série de advertências, tendentes a reprimir os maus impulsos provenientes da influência do mal:

a) O que lavra a terra com dedicação tem mais mérito religioso do que poderia obter com mil orações sem nada fazer.
b) O que vale mais num trabalho é a dedicação do trabalhador.
c) Aquele que diz uma palavra injusta pode enganar o seu semelhante, mas não enganará a Deus.
d) Deus está sempre à tua porta, na pessoa dos teus irmãos de todo o mundo.

e) O que semeia milho, semeia a religião. Não trabalhar é um pecado.

Estar do lado do Bem comporta exigências, «mandamentos»:

1º Fala sempre a verdade;

2º Cumpre o prometido;

3º Mantém-te livre de dívidas.

Pode dizer-se que contém uma proposta monolátrica, pois embora admita outros deuses, na verdade mais espíritos que deuses, aponta claramente para um só deus salvador, **Ormuzd ou Ahuramazda.**

Templos e sacerdotes

Não existiam locais específicos para o culto, que era feito ao ar livre, mas havia, espalhados por todo o Império, os "Templos do fogo". Eram torres fúnebres, nas quais se colocavam os mortos para serem devorados pelas aves (como o corvo), de modo que os cadáveres não fossem maculados pela terra, considerada um elemento impuro. E onde se praticariam certos Rituais.

Foi criado um corpo de sacerdotes, os Magos. Estes, intermediários e intérpretes dos ensinamentos, ensinarão o povo a quem propiciarão serviços de culto e de aconselhamento.

Conclusão

Há nesta religiosidade, novos conceitos em relação aos anteriores cultos, que se irão reflectir nas sociedades contemporâneas, e futuras, sobretudo os de carácter escatológico. Aponta-se mesmo para uma tendência monolátrica, embora sem proselitismo, pretendendo-se que todos os homens se coloquem do lado do deus do Bem. Era uma ideia que fazia já o seu caminho a partir do Egipto, antes mesmo do Império Persa, para o monoteísmo com a tentativa falhada de Akhenaton (educado em Tebas, rei aos quinze anos por volta de 1364 a.C.). Mas sobretudo com a experiência, bem-sucedida, de Moisés, no entanto limitada a um povo escolhido, e com pouca influência na altura, em que começariam a surgir os primeiros textos do seu Livro Sagrado.

Eventualmente Zoroastro conheceria a experiência do judaísmo, que apontava para um Juízo final: "Reunirei todas as nações e as farei descer ao Vale de Josafat. Aí entrarei em juízo com elas" (Joel, 4,2), com uma recompensa definitiva; "os justos viverão eternamente... receberão um reino de glória..." (Sabedoria, 5, 15 e 16), e os maus, os injustos "...viverão aterrorizados, e o seus pecados se levantarão contra eles para os acusar" (Sabedoria, 4,20).

Era um culto organizado, qualitativamente diferente das práticas anteriores e visava já uma tentativa de uniformização. Tão caro aos dirigentes dos grandes Impérios que tornaram o culto oficial, assumindo o primeiro lugar, sendo-lhe atribuída a divindade ou semidivindade em especial comunhão com Ormuzd.

Era o profano a sobrepor-se ao sagrado, ou pelo menos usando-o como instrumento. Outra característica que iremos encontrar em todos os Mistérios e Religiões.

INFLUÊNCIA DO ZOROASTRISMO

Conhecemos o destino do Império Persa: estendeu-se até ao Mediterrâneo, conquistando o Egipto em 525 a.C.. Certamente que os seus conceitos, tornados a crença oficial, muito terão influenciado, por onde o Império se estendeu, nomeadamente no Egipto e Mesopotâmia onde esteve presente duzentos anos. Mesmo a sua conquista por Alexandre o Grande não significou o fim dessa crença, pois a cultura grega, politeísta e tolerante, não atacou o Zoroastrismo embora o tenha influenciado. Grande parte do Império Persa, quando da divisão entre os generais de Alexandre, ficou para o Gen. Seleuco, mas cerca de 80 anos depois já se havia desmembrado e viria mesmo, em grande parte, a reconstituir-se, com a Dinastia Sassânida (226 d.C.), e a retomar as tradições e costumes Persas, incluindo a religião oficial. E que irá durar até à conquista do Islão no século VII d.C.

É muito provável que o Zoroastrismo tivesse originado uma ou várias religiões de mistérios sobretudo para as pessoas educadas (o estatuto social andava a par e passo com a educação). Pelo menos sabemos que influenciou várias dessas Escolas, de que temos melhor notícia a ocidente, como o Orfismo, o Pitagorismo e o Mitraísmo.

Mas a sua concepção dualista, a luta entre o Bem e o Mal, a sua quase monolatria, a vida para além da morte, o julgamento e recompensa na outra vida, certamente que não terá deixado de ter influência nos monoteísmos que se consolidaram (judaico, cristão e mesmo islâmico) tanto mais que esteve politicamente presente nos territórios-berço durante mais de 200 anos.

Assistiremos na Grécia à forte implantação do culto de Orfeu, e com a ascensão de Roma, ao ressurgir de um culto que o Zoroastrismo relegara para segundo plano, e que as legiões romanas trarão de terras persas: o Mitraísmo.

Em termos de construção ideológica o Zoroastrismo, pode bem dizer-se, foi, para o Ocidente, a "mãe de todos os cultos".

2 – ANTIGO EGIPTO

Olho de Hórus-Sol

a) Um Reino especial

A importância da cultura egípcia é por demais evidente, directa e indirectamente: desde logo pela influência que teve no Judaísmo, pois Moisés foi criado na casa real egípcia como um príncipe herdeiro. Muitas teorias dão-nos como tendo sucedido ao próprio Faraó Tutmoses I, cuja filha, a princesa Hatshepsut o teria retirado das águas do Nilo, em Mênfis, e adoptado e criado como filho. Ver: Ex 2:5-9 e Ex 2:10. Seja ou não esse facto histórico, certo é que cresceu e foi educado nos mistérios e cultos egípcios (Gen, 41:39-43). Como diz Clemente de Alexandria (em Stomata. Liv. I,) "Moisés, tendo chegado à idade escolar, aprendeu aritmética, geometria, poesia, harmonia, além de medicina e música, ensinado pelos melhores mestres entre os egípcios".

Os primeiros filósofos gregos terão sido influenciados pelo saber Egípcio, o que não é de estranhar pois eram gregos da Jónia, que era parte do Império Persa, o que permitia o intercâmbio.

A acreditar em Clemente de Alexandria (150-215 d.C.), na sua obra "*Selecções*" (*Stromata* Book I, Cap. XV), apesar da pretensão dos gregos em serem os criadores da filosofia, na verdade tê-la-iam aprendido no Egipto, onde "**Tales de Mileto, Pitágoras e até Platão a conheceram. O próprio Homero, seria Egípcio**". E não só a filosofia. Também daí teria vindo, citando o mesmo Clemente (Stromata), a Astrologia e a Geometria. E muitos outros escritores da época afirmaram que "todos os outros aprenderam dos mistérios egípcios".

Por outro lado, sabemos a influência histórica da cultura helenística, já incorporando essa osmose egípcia, no Império Romano e principalmente no Império Romano do Oriente de que o Egipto foi uma província até ao século VII d.C., quando foi conquista pelos Árabes. A tal ponto que os sacerdotes de Ísis foram autorizados desde a conquista romana a pregar o seu culto em Roma.

A Igreja Católica, filha do Judaísmo, conservou, como livros seus, o Velho Testamento, impregnado de influências Egípcias.

E o Renascimento revigorou a importância da cultura helenística.

A própria Maçonaria reclama uma parte da herança Egípcia

na Constituição de Anderson de 1723, pois aí teriam os "Israelitas aprendido a arte real da construção" ao ponto de Anderson dizer que constituíam um "Reino de Maçons". Claro que é uma visão religiosa feita a partir do Velho Testamento, mas serve-nos para ilustrar a importância da cultura egípcia no que é considerado o substrato da cultura cristã.

Bons motivos para que lhe dediquemos especial atenção.

b) Uma geografia especial

O Egipto Antigo era inicialmente constituído por dois reinos distintos e diferentes criados ao longo do Nilo: o Alto Egipto confinando com o deserto e o Baixo Egipto do Delta Mediterrânico, de terras férteis, mas dependendo das inundações anuais do Nilo, com seus sedimentos e nutrientes, que propiciavam boas culturas agrícolas, produção animal e peixes.

Era um território extenso, vivendo do Nilo e, em boa verdade, para o Nilo. Assim se justifica que, ao contrário de outras culturas contemporâneas, nunca criasse grandes aglomerados urbanos antes se estendendo em pequenas povoações rurais ao longo do rio. As chamadas cidades, que eram os centros administrativos dos inúmeros distritos em que estava dividido, não passavam de pequenos núcleos urbanos, a maioria de poucos milhares de habitantes. Mesmo as "grandes" cidades como Tebas e Mênfis ficavam-se por 30.000/40.000 habitantes.

As cidades eram na realidade centros de culto e do poder

administrativo regional. Habitadas pelos governantes regionais, com seus palácios e armazéns, pelos sacerdotes com seus templos, mas também por artesãos, escribas, colectores de impostos, soldados, e comerciantes. E certamente residências mais humildes para os escravos e criados de todos estes.

A esmagadora maioria da população era de camponeses, vivendo perto das terras que cultivavam, e que por regra eram propriedade do Faraó ou dos Templos, isto é, dos deuses.

c) Uma região de todos os Impérios

O Egipto Antigo tinha uma posição estratégica em termos de defesas naturais que lhe permitiu longos períodos de paz. De um lado, o que é hoje o deserto da Líbia, de outro o mar mediterrâneo, o mar vermelho e o golfo de Suez. Uma faixa de terreno (agora o canal do Suez) fazia a ligação terrestre para o Sinai e ao longo do Mediterrâneo para a Palestina, Fenícia e Mesopotâmia (Assíria e Babilónia) a caminho dos Rios Tigres e Eufrates. Onde nasceram grandes civilizações e que na antiguidade se foram organizando em grandes impérios, de fronteiras instáveis e destinos variados (Império Assírio; Babilónico, Medo, Midiani).

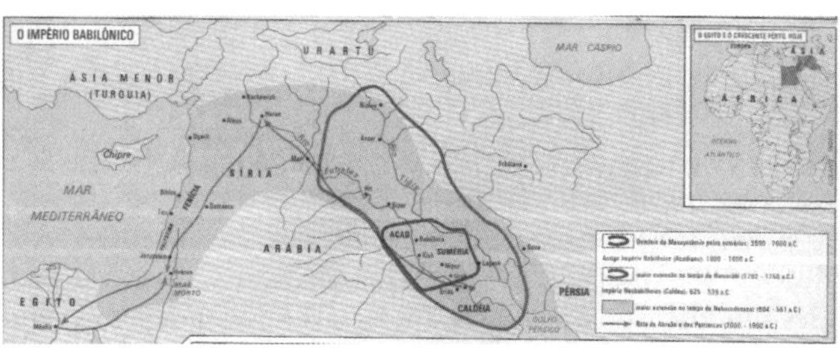

O próprio Egipto não escapou à tentação de estender para aí o seu território, mas estes não deixaram de fazer o caminho inverso.

Isto para dizer que houve necessariamente influências culturais recíprocas, quer pela ocupação, quer por osmose, pois sempre se assistiram a surtos migratórios (fenícios, assírios, mas sobretudo israelitas).

E não só desse lado do Egipto, mas também do deserto, de África, chegaram migrações, tendo mesmo um desses grupos, os Hicsos (amorritas, hurritas e hititas), reinado cerca de 1585 a.C., registando a história, a sua expulsão.

Ao todo, seriam quatro a cinco milhões de habitantes para a época mais antiga, sete milhões na época romana.

Outras influências serão mais institucionais: a conquista pelos Persas (525 a.C.) com sua religião oficial, o Zoroastrismo, durou cerca de 200 anos; seguindo-lhe a presença grega, após a conquista do Império Persa (323 a.C.), e subsequente Reino Helénico do Egipto, com a Dinastia Ptolomaica a reinar por mais 250 anos; depois o Império Romano (31 a.C.) por ainda outros 600 anos, até ao triunfo do Islão.

Tendo perdido a independência com a conquista Persa, o Egipto tornou-se parte do mundo global, esse imenso Império Persa, que vai permitir um grande intercâmbio de todos os seus povos. Daí, e porque o Império se estendia às cidades-estado gregas da Ásia Menor (Jónia), se registarem, desde cedo, contactos com a cultura grega, cujos sábios e mercadores passaram a viajar com regularidade para aí. Heródoto visitou-a cerca do ano 425 a.C., ocupando-se dela em longas descrições na sua "História".

Foi, pois, um autêntico caldeirão cultural onde se forjaram identidades religiosas e políticas que marcariam para sempre a humanidade, com o triunfo do monoteísmo judaico e do Cristianismo.

d) Uma organização territorial descentralizada

A administração do Alto e Baixo Egipto assentava em divisões territoriais (cerca de 42), cada uma com sua identidade e governo, embora sujeitas à autoridade central, mas muitas vezes rivalizando com ela e entre si.

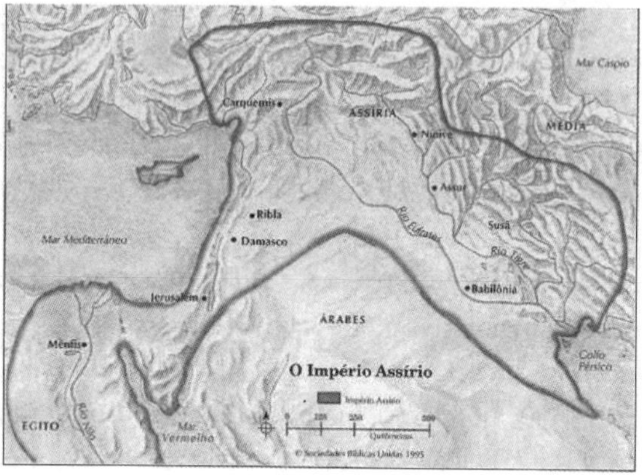

Cada distrito tinha uma governação própria, com a sua gestão do profano e do sagrado, com o seu corpo de agentes administrativos, seus cultos, sacerdotes, templos e deuses.

Esta divisão do país, além de geográfica, era também simbólica de uma dualidade entre o bem e o mal, que é acolhida na mitologia, talvez já como herança Persa, e visível pela rivalidade entre Osíris, um deus bom, governador do Baixo Egipto, e Seth, deus da maldade, governador do Alto Egipto. O mito virá a adaptar--se depois da união dos dois reinos, com Menes conseguindo a unidade e estabelecendo a capital em Mênfis, e aos cultos trazidos pelos Persas (Zoroastrismo), gregos e romanos.

Esta organização foi mantida após a unificação dos dois reinos, e mesmo após as conquistas de Persas, gregos e romanos. Os sucessivos conquistadores iriam substituir uma parte destes governantes, mas cedo viram as vantagens de manter o sistema instalado, limitando-se a substituir o governante e a guarnição militar.

Na história dos países são naturais as mudanças de classes reinantes, e o Egipto não foi excepção. As dinastias reinantes foram-se sucedendo, representando quase sempre uma mudança no equilíbrio do poder central e regional. E para afirmar esse poder político-religioso procedia-se, muitas vezes, à mudança de capital, onde se sediava o poder central.

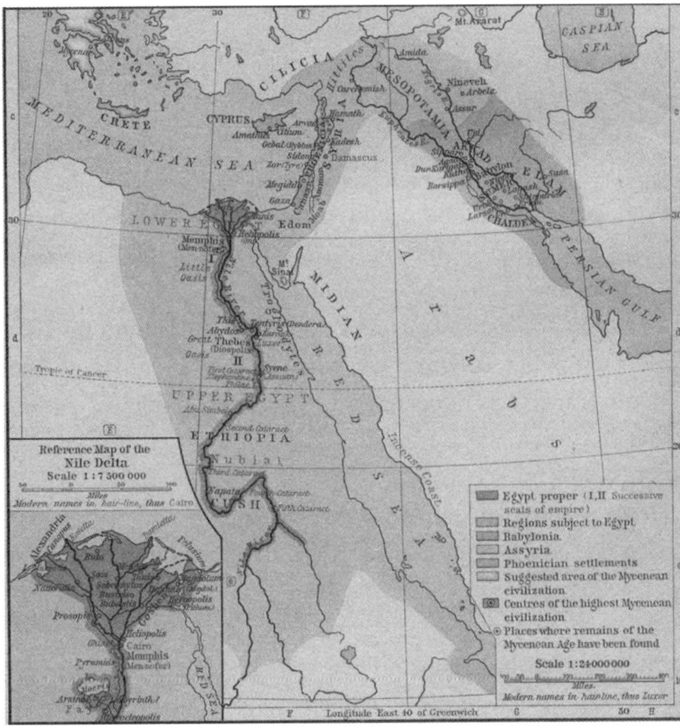

Ao longo da sua história, a capital real mudou de uma região para a outra, havendo, então, necessidade de afirmar o seu estatuto político-religioso, instalando novos templos e criando variantes aos mitos religiosos. O que não representava um enorme desafio económico, dadas as reduzidas dimensões das cidades. Quase sempre estas mudanças representaram uma descida para o Delta mais rico e povoado:

1 **Mênfis** – Desde a unificação do Alto e Baixo Egipto, por Menes, 1ª dinastia, c. 3.100 a.C.

2 **Avaris** – capital da dinastia dos Hicsos c.1585-1532 a.C.

3 **Tebas** – durante o Império Novo (1560-1070 a.C.): XVIII a XX dinastias.
4 **Akhetaten,** hoje Amarna – Durante o reinado de Akhenaten (c.1350-1334).
5 **Tanis** – durante o Terceiro Período Intermédio c.1070--664 a.C.: XXI a XXV dinastias.
6 **Sais,** no Delta do Nilo – Durante a Época Baixa (664--332 a.C.): XXVI a XXX dinastias.
7 **Alexandria** – no Mediterrâneo, perto de Sais, capital da dinastia Ptolomaica (332 A.-30) e domínio Romano, até à conquista árabe no século VII.

Na 18ª dinastia, após as campanhas de Tuthmoses III, no auge do seu poder, o Egipto estendia-se desde o Sudão e Etiópia, ao Mediterrâneo e para poente pela Síria Mesopotâmia, Babilónia e Império Midiani até à Turquia.

e) Uma sociedade hierarquizada

A sociedade egípcia era fortemente hierarquizada, como de resto era comum:

Na base da pirâmide estavam os agricultores. Não possuíam a terra, que pertencia ao Faraó e aos templos (deuses). Eram quem tudo sustentava: das terras retiravam a comida que o Vale do Nilo propiciava (grãos, vegetais e frutos) e criavam os animais que alimentavam todos. A sua vida dependia do ritmo das cheias: estas aconteciam de Julho a Novembro, não permitindo trabalhar os campos. Quando as águas começavam a descer, tinham de ser rápidos a arar, semear e colher. Nesse tempo a máquina administrativa ia avaliar as colheitas para calcular a produção, a sua repartição e os impostos.

Mas durante o período das cheias não ficavam inactivos: constituíam a mão de obra para as construções do Faraó, fossem templos, palácios ou canais de irrigação. Tinham de fornecer os soldados ao rei, que tinha um direito de conscrever 10% dos jovens. Eram assim a espinha dorsal do Egipto e estavam sujeitos a regras muito estreitas, incluindo sobre a gestão da água, estando proibidas as barragens e lagoas artificiais.

O sistema administrativo e o modelo de organização socio-económica, exigia uma burocracia assente em muitos funcionários públicos: cobradores de impostos, guardas, artesãos (fabricantes de papiros, carros, roupas), pedreiros, escribas etc.

Exigiam formação e educação que era dada pelos templos e seus corpos de sacerdotes. O seu recrutamento seria feito entre as famílias já no ofício, ou então eram educados em termos práticos dentro da mesma.

Havia, claro, um exército permanente com pagamento e direitos na repartição dos despojos e saques de guerra. Este foi aumentando com a expansão do Egipto, e nem sempre era possível recrutá-lo internamente, apesar do referido direito de circunscrição, pois havia problemas demográficos com uma alta taxa de mortalidade infantil (60/70%) e baixa expectativa de vida (cerca de 30/40 anos entre as classes baixas).

Era um exército (e marinha) dividido por regiões (Norte e Sul), disciplinado e fortemente hierarquizado, em que o comando supremo era do Faraó e seus familiares. Mas que necessitava de um vasto corpo de oficiais que constituíam uma elite, com privilégios que os colocavam entre a classe de privilegiados (generais, comandantes de batalhões, adjuntos, comandantes de companhia, de pelotão e esquadras, portadores de estandartes etc). A sua importância social e política vê-se na entronização de alguns como governantes (Horemheb e Ramsés I, na 19ª dinastia).

Depois vinha a aristocracia constituída por nobres ou enobrecidos, terra-tenentes, militares de alta patente, membros das famílias dos governantes provinciais envolvidos na administração, no controle agrícola e nos mais altos cargos da sociedade. E pelos sacerdotes, sobretudo os dos altos escalões.

Ainda e sempre o mesmo padrão histórico até à cidadania: clero, nobreza e povo!

Os Sacerdotes

Os sacerdotes Egípcios eram considerados como as pessoas mais importantes do seu tempo, uma classe educada, sabendo ler e escrever, dominando as várias artes e ciências, desde a medicina à mumificação, magia e adivinhação, geometria e arquitectura, mas também agricultura, a base de toda a vida Egípcia mas dependente do mecanismo das cheias do Nilo, em torno das quais toda uma mitologia foi criada.

O papel dos sacerdotes extravasava das meras funções de culto: deviam assistir o Faraó, um deus, em todos os aspectos da sua vida, incluindo a governação, de modo a preservar a ordem e hierarquia sociais e a transmissão da cultura às gerações futuras.

Eram importantes as funções religiosas: de interpretação dos oráculos, da adivinhação, da magia, que permitia o entendimento dos aspectos religiosos, todos os aspectos relacionados com os deuses (portanto também do Faraó-deus), suas necessidades e cuidados, bem como das suas moradas, os Templos, sua gestão e cerimonial. Que se estendiam para além da vida, devido à crença na vida para além desta. Assim incluíam a mumificação, os cuidados a prestar aos corpos mumificados dos Faraós, que exigiam uma segurança apertada, alimentos e orações (sacerdotes funerários, servidores do Kha).

Mas também prestavam serviços à comunidade, que englobavam aconselhamento espiritual, justiça, medicina. Embora os aspectos espirituais representassem um serviço especial.

Isto originou a necessidade de um vasto corpo de sacerdotes, (cada deus tinha um "colégio de sacerdotes", Heródoto, citado) a sua educação e especialização. O que por sua vez levou à hierarquização e ao estabelecimento de regras de vida própria condizente com as funções desempenhadas. Regras de toda a natureza, incluindo algumas peculiares para que se mantivessem num grau de pureza e não irritassem os deuses: não podiam comer peixe, não podiam vestir-se de lã (impura), eram circuncisados (assim como o povo em geral), tinham especiais cuidados com a higiene de purificação pessoal, rapando o corpo, "banhando-se duas vezes por dia e outras tantas por noite" (Heródoto, ibidem).

Em contrapartida usufruíam de benefícios importantes, sendo alimentados com os rendimentos dos deuses (Heródoto, ibidem: "Não gastam nada de sua propriedade, nem gastam nada de seu").

Nesta hierarquia interna as especialidades eram muitas:

Estolistas – talvez os mais importantes, encarregues dos oráculos, através dos quais os deuses se exprimiam, e do cuidado dos deuses: alimentá-los, vesti-los, conservar os seus templos.

Escribas – Encarregues da escrita mágica, de manter os registos funerários, e todos os registos históricos. Havia também os que dominavam a escrita comum, necessários à administração. Eram escolhidos de entre famílias dos sacerdotes, ou nobreza, e educados desde a mais tenra idade, com especial ênfase na escrita. Altamente apreciados pelo Faraó e sacerdotes, era uma elite especializada, embora houvesse diferenças entre os que se dedicavam às tarefas burocráticas de registo e os que escreviam os textos sagrados da Magia, mais reservados e secretos.

Era uma aprendizagem de anos, possivelmente com uma longa ascensão na profissão, mas foram eles que nos legaram o que se sabe sobre esta cultura, gravada nos monumentos funerários e nas pirâmides.

Magos – eram uma especialização à parte, pela importância e secretismo das funções que consistiam em dar a conhecer ao povo a religião através da magia e a fornecer um serviço à comunidade: aconselhamento, magia, curas e cerimónias. Pertenciam ao Templo conhecido como "A Casa da Vida" onde afluíam as pessoas para interpretação de sonhos, realização de feitiços e encantamentos, cura das doenças. Os ensinamentos ministrados, aos Magos, pela Casa da Vida estavam rodeados de segredo, incluindo os livros, pois o seu conhecimento dava o poder de fazer mal, incluindo ao Faraó.

Era a parte mais secreta do trabalho dos sacerdotes e fonte de poder e influência. Era algo bem real para a sociedade egípcia, como aliás se vê do relato do Êxodo (Ex: 7:10,12) "10 – Moisés e Aarão foram ter com o Faraó... Aarão lançou a sua vara diante do Faraó e diante dos seus servos, e ela transformou-se em cobra; 11 – mas o Faraó chamou também os seus sábios e encantadores e também eles, os magos do Egipto, fizeram a mesma coisa com os seus sortilégios; 12 – ... mas a vara de Aarão devorou as varas deles". Daí o segredo de que estava rodeada: os seus escritos ciosamente guardados, numa escrita especial diferente da de uso comum, e rodeada de segredos iniciáticos. (Heródoto, História, Livro II).

Horologistas – encarregues de contar os dias e horas, tarefa importante por razões agrícolas mas também pelo culto do sol em seu barco.

Astrólogos – pelo seu papel na mitologia, no calendário e definição das estações do ano, pela quais se regulavam as sementeiras e colheitas, reguladas pelo ciclo das cheias do Nilo.

A ascensão nessa hierarquia dava-se conforme assimilavam conhecimentos e experiência. Tinha de aprender a escrita sagrada, e decorar muitos ensinamentos a partir de escritos seleccionados, que na fase greco-egípcia constituíam os ensinamentos de Hermes Trimegistos constantes de 42 Livros, que englobavam o saber da época: geologia, geografia, botânica, agricultura, astronomia, astrologia, matemática e arquitectura.

O que não nos deve espantar, pois esse tipo de ensinamento é uma realidade em certos ramos do hinduísmo e nas madrassas e escolas islâmicas, onde os alunos decoram o Corão (cerca de 800 páginas), no que demoram 3 a 4 anos.

No topo estava um **Sumo-sacerdote** (conhecido como "o primeiro profeta de deus"), nomeado pelo Faraó, sendo, aliás, seu conselheiro e encarregue da gestão da classe e de organizar os ritos e cerimónias.

E as mulheres?

Heródoto afirma que não eram admitidas como sacerdotisas, nem dos deuses nem das deusas. Mas aparecem referências às mesmas, com uma hierarquia separada mas semelhante à masculina. Tinham funções no templo da música e dança. E na Teogonia de Tebas a alta sacerdotiza tinha mesmo o título de "esposa de deus", constituindo o harém de deus, identificada com Hator, deusa da música e do amor. E ganharam relevo a partir da 25ª dinastia (760-656 a.C.) com a Irmandade de Ísis.

O Faraó

O Faraó estava, com sua família, no topo desta hierarquia, senhor de tudo e de todos, sobretudo das terras (embora houvesse uma lenta privatização por força de doações ou até aquisições).

Tinha um estatuto divino, uma ponte entre os deuses e o povo, transformado no deus principal do Panteão através de um ritual de unificação do ser físico com a Ka (alma) divina, que o transformava num deus.

Este ritual solene passava-se no Templo e era feito pelo corpo dos sacerdotes, numa cerimónia oficial de entronização em que saía como deus e a sua palavra como lei. Uma espécie de unção, que será praticada noutras religiões e com o catolicismo.

A partir daí governava tendo o deus como conselheiro, cuja estátua lhe falava ou fazia sinais de assentimento, no segredo do seu templo ou durante procissões rituais e oráculos.

São evidentes os intuitos destes oráculos privados e públicos: representavam o sancionamento das decisões, e ao mesmo tempo tornavam necessário e importante o papel dos sacerdotes, que acumulavam poder, riqueza e influência social, arvorando-se em defensores do povo e guardiães da justiça. Ao fim e ao cabo o mesmo padrão que iremos encontrar em todas as religiões.

O poder do Faraó era, pois, um poder divino e não meramente de legitimidade divina como mais tarde viria a ser definido o poder dos reis. Este facto foi aceite e usado por todos os governantes, e mesmo pelos seus conquistadores persas, gregos e romanos, só tendo acabado com o monoteísmo muçulmano. De facto o Rei Persa Cambyses passou por este ritual para assumir o título de Faraó, como Mesuti-Rá (nascido de Rá); o próprio Alexandre fez-se declarar filho de Amon, do mesmo modo. E nem os Romanos fugiram a esta prática, com Augusto e seus sucessores a respeitarem e usufruírem da tradição. Permitindo mesmo que os sacerdotes de Ísis propagassem o seu culto na própria Roma onde se tornaram bastante populares entre a classe alta, já que a atribuição aos governantes deste estatuto divino era lisonjeiro e lhes reforçava o poder.

Reverenciado por todos como um deus, o próprio Faraó podia reverenciar-se a ele mesmo, fazendo oferendas à sua Ka ("alma"), já que era a alma do deus. Não admirando que a construção e manutenção de templos fosse uma constante de todos. Até porque o culto ao Faraó não cessava com a sua morte. A sua Ka (alma) precisava dos cuidados humanos, para ajudar a fazer a viagem: comida, utensílios e cerimónias aos deuses para os "incentivar" a beneficiar a alma em viagem. O seu corpo mumificado precisava de ser cuidado e guardado, bem guardado (daí os grandes monumentos funerários). Para tudo isto eram necessários recursos financeiros avultados, que os Faraós tinham de prover nos seus testamentos, geralmente sob a forma de consignação dos rendimentos de terras. Os quais eram geridos pelos sacerdotes.

Imaginemos o que isso representaria ao final de várias dinastias! Há mesmo quem afirme que esta foi uma das razões para as mudanças revolucionárias, que ocasionavam o abandono destes cuidados prestados aos anteriores Faraós. Morrer era um assunto sério e bastante caro para os governantes e nobres!

Em contraponto, esta prática desenvolveu a arte de construir, as ciências e as artes. A história regista o nome do maior arquitecto dessa antiguidade, que concebeu, desenhou e dirigiu a construção da primeira Pirâmide de Sacara para túmulo do Faraó Zoser (2.700 a.C.): Imhotep. Tal era a sua fama de sábio arquitecto e médico, que chegou a ser considerado um deus, até pelos gregos, (o deus Imuthes), e romanos, que o associavam a Esculápio.

Outra consequência foi a necessidade de formar artesãos e artistas para estes fins, o que significou um alargamento da educação para além do círculo restrito dos nobres e sacerdotes.

Educação

A educação era apanágio de poucos: sacerdotes, nobres e família real. Os filhos e filhas do Povo aprendiam na família, os rapazes seguindo geralmente a profissão dos pais, e as filhas sendo educadas nas artes caseiras, que era o seu mundo. E não tinham muito tempo para tal, pois a idade adulta chegava entre os 12 e 16 anos, idade de trabalhar e casar. A expectativa de vida era baixa, entre 30/40 anos. O resto era passado ao ritmo do ano, 12 meses, de 365 dias e três estações, reguladas pelas cheias do Nilo.

Haveria algum ensino profissional básico ministrado nos templos para artesãos, médicos, funcionários administrativos. Tratava-se de ministrar conhecimentos práticos ligados às áreas de cada um, para os preparar para o trabalho na idade adulta.

Para os nobres e sacerdotes a educação começava cedo, e a mesma era administrada nas escolas dos templos por mestres, e baseada, sobretudo, na memorização. E para os mais poderosos parecia ser esmerada, como se retira da descrição bíblica da educação de Moisés (Clem. Alex. Stromata, L° 1 – Cap. 23) "tendo chegado à idade certa, os melhores mestres de entre os egípcios, ensinaram-lhe aritmética, geometria, poesia, harmonia, e ainda medicina, música, e o conhecimento dos corpos celestes" (astrologia). E naturalmente a escrita.

Mas havia para os sacerdotes um ensino especial ligado às necessidades e exigências do culto, que era dada em Escolas de Mistérios, para conservar o segredo. O recrutamento seria feito entre os que teriam feito a educação normal e iria permitir engrossar as fileiras desse corpo. Admitindo-se que nem todos os recrutados conseguissem progredir para escalões mais elevados.

Temos ainda hoje um exemplo: a formação de seminaristas com uma componente geral e uma especial de modo a poderem ser ordenados padres. O mesmo se passando noutras religiões.

f) OS MITOS

Os Mitos da Criação do Egipto Antigo foram os que mais notoriedade tiveram na antiguidade. São uma sobreposição de muitos mitos que, embora com elementos comuns, diferem conforme o local e o tempo, essencialmente com diferentes nomes para as divindades e seu papel e dominância no panteão.

Esta variação no conceito e papel dos deuses não lhes pareciam contraditórios, sendo vistos como representando múltiplas facetas da realidade. Sobretudo tendo em conta a geografia humana do Egipto Antigo: um país inicialmente dividido em dois reinos, o Alto Egipto, a norte, árido e em parte desértico e o Baixo Egipto estendendo-se até ao mediterrâneo, de terras pretas e férteis, irrigadas pelo Nilo (conseguiam fazer até quatro colheitas por ano) onde vivia o grosso da população, essencialmente rural, vivendo em pequenos aglomerados ao longo do rio.

Há muitos e variados mitos da criação, mas predominam quatro, conhecidos hoje pelo nome dos centros de culto onde parecem ter-se afirmado: Heliópolis, Mênfis, e Hermópolis e Tebas, com os dois primeiros mais próximos entre si, embora todos tenham concepções muito parecidas quanto à existência de um oceano e um monte primordial, e a deificação da natureza.

Os egípcios concebiam o homem como composto por cinco elementos:

– O Ka () – consciência, elemento espiritual, parecido ao conceito de alma mas não igual. Seguia o homem como uma sombra ou um duplo durante toda a sua vida e voltava para o seu mundo quando a pessoa morresse. E, como a pessoa, necessitava de comida e outras ofertas, reais ou simbólicas, que não comia mas das quais retirava energia;

– **O ba** () – seria o conjunto de qualidades (não físicas), parecido com a alma, que constituíam a personalidade do humano (embora os deuses também tivessem **ba**). Era este **ba** que todas as noites viajava, sob a forma que escolhesse, de ave ou animal, do mundo onde estava o ka e se juntava ao corpo no seu túmulo para que este vivesse para sempre como Akh, isto é, antepassado. Não se confundia com o corpo, mas como ele tinha necessidade de comida e cuidados;

– **Akh** () – Era a forma como o defunto vivia após a morte, o resultado da união do Ka com o Ba;

– **O nome** era uma parte importante da personalidade da pessoa ou coisa, sem o qual não existiria (na versão menfita da criação o deus Ptah cria as pessoas no seu coração e dá-lhes vida dizendo o seu nome);

– **A sombra** que é tida como qualidade física, uma espécie de duplo.

Acreditavam na vida para além da morte, vida física nos limites do conceito que faziam do homem, isto é, o seu **ba** reunia-se todas as noites com o corpo físico. Para nós, longe dessa cultura, é difícil de imaginar como funcionava. Mas os ritos funerários já conhecidos mostram que essa crença existia e rodeada de extrema devoção e cuidado. Em que a mumificação era uma peça importante, pois era a forma de manter o corpo físico para poder receber o **Ba**, a alma. Especialmente havia de se cuidar do rosto para que fosse reconhecido pelo seu **ba**.

A vida eterna era um prémio, reservado aos que tivessem levado uma vida ética, sem mácula, dado existir um julgamento individual, como se conhece pelo Livro dos Mortos:

> *Osíris, senhor da eternidade, senta-se no trono, com o ceptro na mão; por detrás, suas irmãs Ísis e Nefis. Presentes 42 juízes, representando as 42 províncias do Egipto: O morto é introduzido por Maat, deusa da justiça e símbolo da ordem universal. Em lugar de destaque uma balança, na qual o coração (onde estaria a mente) é pesado tendo como contrapeso uma pena de avestruz (símbolo da verdade). A pesagem cabe a Hórus (Deus da Luz, filho de Osíris e Ísis) e a Anúbis, com sua cabeça de chacal, o guarda. O resultado é anotado num papiro, por Toth, o Senhor da sabedoria e da escrita. Será digno de recompensa com a vida eterna aquele cujo coração se equilibre com a pena. Quanto aos outros um monstro híbrido, o grande devorador, despedaçará a alma do morto.*

Criação dos homens

Sobre a criação dos humanos, obra dos deuses, os dois relatos mais conhecidos são:

a) Mito de Heliópolis

Os filhos de Ra-Atum, Shu e Tefnut, separaram-se do pai, e este mandou o Olho procurá-los. Na sua ausência substituiu o Olho por outro. Quando aquele retornou trazendo Shu e Tefnut, Ra-Atum chorou de alegria e as suas lágrimas criaram os seres humanos.

Quem não estava satisfeito era o primeiro Olho, pois fora substituído. Então Ra-Atum colocou-o na sua testa onde se tornou o protector da humanidade, associado a Uraeus a serpente cuspideira de fogo (como se representa nas cabeças dos faraós) ficando associado ao Sol; o outro olho ficou associado à Lua.

b) Mito de Tebas

Extraído de um baixo relevo do templo de Hatshepsut (5) em Deir el-Bahari – Tebas, mostrando Khnum modelando no seu torno de oleiro, uma figura humana e a sua (Ka) a partir do barro. Sua esposa Heket, de joelhos, insufla o sopro da vida (simbolizado pela cruz ancada (ank), na figura de barro.

TEOGONIAS

As representações dos deuses eram antropomórficas (forma humana), zoomórficas (forma de animal) ou uma combinação de ambas. Tal não significa que os Egípcios os considerassem como tendo a forma em que eram representados, mas tão só que lhe atribuíam algumas das características desses animais ou aves. Eram todo-poderosos e omniscientes, incomensuravelmente superiores aos humanos.

Alguns dos mitos tiveram dimensão nacional, sobretudo quando adoptados oficialmente, mas, como diz Heródoto (citado) "não adoravam os mesmos deuses, excepto Ísis e Osíris". Eram panteões locais e regionais, condizente com a divisão territorial e proliferação de capitais regionais e pequenos núcleos urbanos ao longo do Nilo.

Algumas divindades serão mesmo de origem externa: Osíris (Deus do Sol noturno, Senhor do mundo inferior, juiz supremo), e Ptah (cabeça de touro), Set (corresponde ao Baal Sírio).

São tipicamente egípcias as divindades com símbolos de animais africanos: Toth (cabeça de Íbis), Anúbis (cabeça de cão), Sebek (crocodilo), Udjo (cobra), Ra (cabeça de falcão), Horus (idem).

As divindades variavam de local para local, com seu corpo de sacerdotes, denominados profetas, que eram um misto de guardiães do culto mas também parte do poder administrativo, assistindo o governante local, pois todas as decisões importantes exigiam o assentimento dos deuses feito através de oráculos, e o culto dos mortos e conservação dos corpos mumificados exigia trabalho contínuo.

Assim se explica o enorme panteão egípcio de mais de duas mil divindades e de inúmeros mitos transmitidos oralmente de geração em geração, a maioria locais, que não deixaram rasto, devido à crença em que as palavras "mágicas" só produziam efeito se faladas.

Durante anos, pouco se conhecia além dos poucos relatos de escritores helénicos ou romanos. Só com a arqueologia e decifração da escrita hieroglífica, foi possível conhecer um pouco mais, pelo que estava escrito nesses monumentos: nas Pirâmides (de Unis, Teti, Pepi I, Merenre I, Pepi II mandadas construir pelos governantes da 5ª e 6ª dinastias (2375-2184 BC), nos caixões, nas paredes dos monumentos funerários, donde aliás se extraiu o Livro dos Mortos e vários textos de sabedoria. Eram textos e fórmulas mágicas destinados a ser proferidas pelo Ka do Faraó na sua viagem para o mundo dos mortos e para o Paraíso, onde se juntaria aos deuses tornando-se um deles.

Sofreu várias influências: dos povos que conquistou, sobretudo na Palestina, Síria, Babilónia e Mesopotâmia, daqueles com quem se aliou, como o Império Mitanni, e obviamente dos que os conquistaram, e foram vários os que se sucederam desde o século VI a.C. Os Persas desde 525 a.C. até à conquista deste Império por Alexandre em 332 a.C., e depois pelo seu general Ptolomeu que começou a dinastia Ptolomaica que durou até à sua queda em 31 a.C. para os Romanos, com a vitória de Augusto sobre Cleópatra VII e Marco António, na Batalha de Áccio. A partir daí integrou o Império Romano (do Oriente na sua fase final) até ao século VII d.C., quando foi conquistado pelos Árabes.

A influência mais forte foi a grega (mútua, diga-se), pois o Mediterrânio permitiu os contactos comerciais desde bastante cedo. Depois com o domínio grego e o helenismo, autêntico caldeirão de culturas, com o koiné, como língua franca da cultura e comércio e da classe governante. Que se reflectirá quer numa equivalência do Panteão com os deuses gregos, quer na helenização das cidades.

Há inúmeras versões dos mitos teogónicos, o que se compreende quer porque havia muitas divindades locais e regionais e todas forneciam uma explicação cosmogónica e teogónica, quer porque o culto oficial, do qual há melhor conhecimento, também variou com as épocas, governantes, mudanças de capital e locais preponderantes.

Por outro lado a tradição impunha a transmissão oral, e quem conta um ponto acrescenta um ponto. Também o facto de a maioria dos registos escritos serem helénicos e romanos, com as necessárias associações aos deuses dessas culturas, cria divergências. Todavia em todas as versões encontramos elementos comuns:

- Um desses elementos é o da preexistência, mesmo anterior aos deuses, de um elemento primordial, no caso a Água, numa clara associação às águas lamacentas e férteis do Nilo, cheias de limos e nutrientes, por contraponto com o que acontecia no Alto Egipto;
- Outro é a ideia de que a criação não foi um acto instantâneo, antes se estendeu pelo tempo;

- Também a existência de um deus superior aos restantes, autocriado e criador dos outros deuses e dos humanos, formando um extenso panteão embora sujeito a mudanças, o que acontecia apenas por iniciativa oficial do Faraó;
- O papel central do Faraó, reincarnação do deus criador, com cujos conselhos governava;
- Existência de vida para além da morte, apenas do Faraó nos primeiros tempos, depois de quantos fossem julgados puros. Mas tal exigia que lhe fosse possível conservar o corpo para permitir que do outro mundo viesse o **ba** (alma) juntar-se-lhe todas as noites (justificação para a mumificação e cuidados com a sua manutenção);
- A existência de um corpo de sacerdotes que assistiam os deuses e seus templos, e auxiliares dos governantes e do Faraó, cuja importância foi uma constante na história do Egipto, só emulada pelos oficiais superiores do exército;
- Panteão organizado e hierarquizado à imagem dos humanos, sendo regra a associação dos deuses em trindades (pai, mãe e filho) como na família humana que era monogâmica, para as classes baixas pelo menos, especializados em determinadas áreas.

As diferenças eram sobretudo ao nível do deus criador e hierarquia do Panteão, que mudava por interesses geopolíticos: como o Faraó era a reincarnação do deus criador a sua preferência significava uma mudança, muitas vezes acompanhada da mudança da capital. Era uma questão de poder, mais que religiosa, mas reflectia-se num equilíbrio diferente ao nível oficial, com novos sacerdotes e novos templos.

Os Mitos podiam acolher, e na verdade isso aconteceu, novas versões com novos protagonistas, até porque a realidade político-geográfica regional e local, proporcionava-o.

Há em todos os panteões, omnipresente, um deus solar, eterno:

Amun (Amen, Amon, Amun-Re, Amen-Ra), que encontramos em todas as culturas e em todos os tempos. No Egipto foi um deus de muitas faces:

- Re-Horakhte ou Re-Horemakhet (relacionado com Hórus) – O sol nascente;
- Khepri – O sol da manhã;
- Aten (Aton) – O Sol do meio-dia;
- Atum – O sol poente.

E representado de várias maneiras:

1 Como figura humana sentado no trono com o símbolo do poder, o ceptro (Was) numa mão e o símbolo da vida (Ankh) na outra;
2 Como figura humana com cabeça de serpente;
3 Como um macaco;
4 Como figura de um leão num pedestal;
5 Como figura humana com cabeça de sapo.

Os seus símbolos animais eram: o carneiro, o ganso, o boi.

A sua importância no Panteão teve avanços e recuos: Nas teogonias Hermopolis ele e sua esposa Amaunet, é o deus criador; já na de Tebas tem apenas uma importância regional e secundária antes de esta ser a Capital do Alto Egipto, altura em que passou a deus criador. Era o rei dos deuses, popular, o vizir dos pobres, protector dos fracos e fortes e administrador da justiça. Obviamente conforme crescia em popularidade, o Faraó passou a ser filho de Amon e sua incarnação, pelo menos a partir da 18ª dinastia, chegando a ser declarado o único deus.

A – Teogonia de Heliópolis

A mais antiga versão, e talvez a mais importante, do Mito da criação, *é* designada pelo nome da cidade Heliópolis, cidade do Sol, como lhe chamaram os Gregos, antiga Iunu, um importante centro religioso mais que político (foi capital da 15ª província do Baixo Egipto), no período pré-dinástico e até à 5ª dinastia (c.2.490 a.C.) quando este culto se tornou oficial. Onde pontificava Atum, o deus criador, que entre outros criou Re, ou Ra, o deus sol, que depois lhe aparece associado como Amon-Ra. Neste mito a água está presente como elemento primordial. É dele que Atum se autocria, emergindo desse oceano lamacento. Atum é o primeiro princípio, o criador ou demiurgo, deus da vida e procriação, de quem os oito restantes são emanação, embora sejam eles a fazer o resto da criação, excepto os humanos que são criados por Amon.

Enéada de Heliópolis:

Atum – o deus criador.

Geb (Seb, Gebb, Keb, Kebb) – Deus da terra, que vai ganhando importância, sendo representado ostentando a coroa do Alto e Baixo Egipto, visto como o Rei do Egipto, e nalguns mitos como o deus criador. Tendo como símbolo animal o ganso. Condutor dos mortos para a paraíso a quem dava de comer.

Ísis – deusa do Amor, da magia, da fertilidade e da cura.

Neftis – deusa da assistência divina.

Nut – deusa do céu.

Osíris – deus da morte, do mundo subterrâneo e do renascimento.

Seth – deus do mal e do caos.

Shu – deus do ar, trazia o sol ao mundo a cada manhã.

Tefnut – deusa do orvalho, e da chuva, casada com Shu.

Existem três versões deste mito criador:

a) Versão do monte primordial

Nesta versão Atum está no meio das águas cósmicas, primordiais, o Oceano-NUN. Que era o caos primordial, o vazio. Atum começa por se autocriar distinguindo-se do Oceano-Nun acabando com o seu vazio. Fá-lo emergindo como um monte no meio do oceano – o monte primordial. Imagem associada ao escaravelho Khepri (Atum-Khepri) e à Fénix, conforme decifrado nos textos da Pirâmide de Gisa (Pyramid Texts, 1652.)

Começa então o processo criativo. Da sua boca, saiu o primeiro casal de gêmeos: um varão, Shu, deus do ar, e uma filha, Tefnut, deusa do fogo. Os quais foram sustentados pelo oceano NU, embora sob supervisão do olho de Atum. Deste casal de irmãos nasceram GEB, deus da terra, e sua esposa NUT, deusa do Céu. De Geb e Nut nascem Osíris e esposa Ísis, Set e esposa Nefti.

b) Versão masturbação (metáfora para autocriação) (*Pyramid Texts*, 1248)

Atum nasce de um acto de automasturbação, originando com o sémen os oito primeiros deuses (os oito princípios elementares): Shu (ar) e Tefnut (fogo), Geb (Terra), Nut (Céu), e finalmente Osíris, Ísis, Seth e Neftis que estão directamente ligados à existência, dualidade, nascimento, morte, sacrifício e ressurreição.

c) Projecção do coração (mente) (*Pyramid Texts*, 1655)

Atum criou-se projectando-se no seu coração (para os egípcios a inteligência e emoções estavam no coração-conceito que só acabou com Herófilo (335 a.C.-280 a.C.) médico da Escola de Alexandria, o primeiro a sugerir que a inteligência e as emoções faziam parte do cérebro e não do coração). E depois, do mesmo modo, cria os oito princípios elementares atrás referidos.

Os organizadores do cosmos são Shu, Nut, Geb e Nut. Os outros quatro (Osíris e Íris, Set e Neftis) são os mediadores entre os humanos e o cosmos:

- **Osíris**, é o princípio da vida, o deus da fecundidade, da natureza e das sementeiras, proporcionando o sustento dos humanos, governando inicialmente o Egipto das Terras Pretas, fértil.

- **Ísis**, reina sobre o Nilo, é a inventora das artes necessárias à vida e reguladora das regras e leis da vida familiar.
- **Neftis**, era a deusa das terras secas do Alto Egipto, desértico, que não tinham a sorte de ser inundadas pela água do Nilo.
- **Seth**, é o deus da maldade, o espírito negativo e o representante do deserto sem vida, a personificação da morte. Governando inicialmente a parte desértica do Egipto.

B – Teogonia de Hermópolis

(Antiga Khmun, grande centro de culto desde tempos muito antigos, onde se dizia ter sido o local do pântano primordial, de onde emergiu o monte primordial. (Heliópolis reivindicava o mesmo) Denominada pelos gregos como Hermópolis por ser dedicado a Toth, deus da magia, da cura, do conhecimento e protector dos escribas, associado a Hermes, da mitologia grega, deus da escrita, dos números, medidas e tempo.)

A versão é a mais importante a seguir a Heliópolis tendo o seu panteão retomada influência nacional no período Ptolomaico (332-30 a.C.) embora lhe fosse anterior. Aliás, reivindicava-se como a versão mais antiga.

Toth cria os oito deuses primordiais, quatro pares de deuses criadores em que os machos são representados com cabeças de Sapo, e as fêmeas com cabeça de serpente:

- Nun e Naunet, o caos, o oceano primordial;
- Heh e Hehet, deus e deusa do infinito, do indeterminado;
- Kau e Kauket, as trevas, a escuridão;
- Amen e Amaunet, o oculto, o ar.

Estes deuses não só criaram o cosmos como o governaram durante o período dourado. E, quando morreram, foram para o mundo subterrâneo, conservando o poder de regular o fluxo do Nilo e o nascimento do Sol.

A criação do cosmos tem várias versões neste Mito:

Quando o monte primordial emerge das águas pantanosas, com ele emergem também os deuses que criam o Sol, nesse monte. Te-lo-ia feito segundo as diversas versões:

- Ovo Cósmico

Um ganso celestial (coroa solar – associado a Amun) pôs um ovo preto (Lua preta). Do qual eclodiu Rá (o Sol – nascendo por detrás do disco lunar). Rá vai criar o mundo e os humanos.

Noutras descrições a ave é Íbis (identificada com Toth) e não o ganso.

- O escaravelho

Uma flor de lótus (a coroa solar) emerge das águas abrindo as pétalas e revelando um escaravelho (a Lua Nova – preta). Este transformou-se no deus menino Rá (novamente a ideia do Sol a aparecer por detrás do disco Lunar).

- O lago original

Os deuses masculinos masturbaram-se num lago (Lago Original) e fertilizaram um ovo (contributo feminino) trazido numa flor de lótus para a ilha das chamas. Quando este abre as suas pétalas o Sol emerge como um menino de dentro da flor (o lótus azul do Egipto mergulha na água durante a noite e vem à superfície e abre durante o dia).

C – Teogonia de MÊNFIS

Conhecemos esta versão através de um texto conhecido como o texto de *Shabaka* (c. 710 BC) feito por ordem do Rei Núbio Shabaka, da 25ª dinastia para "preservar o trabalho dos antepassados". Referia-se à unificação do Egipto alcançada por Menes, e que fundou em Mênfis a nova capital (c. 3.000-1560 a.C.), aliás, a que mais tempo conservou esse estatuto. Com esta versão pretendia-se adaptar os Mitos à nova realidade política e social e estabelecer o predomínio dos povos do sul sobre o norte até aí preponderante (Heliópolis).

Conserva a Enéada de Heliópolis, mas agora o único deus criador é Ptah (também Ptah-Nun). Como principal deus deste novo período do Egipto unido e sua nova capital, tinha de ser mostrado como superior ao inicial Atum da teologia de Heliópolis, dando origem a uma nova versão do Mito. Houve, todavia, o cuidado, em nome da unidade, em não cortar radicalmente com o anterior, de modo a não afrontar o Alto Egipto. Embora o considerassem como o deus mais antigo e importante de que a Enéada de Heliópolis, pois estes seriam apenas manifestações ou suas encarnações, emanando do seu Desejo, Coração e Língua.

A TRINDADE PRINCIPAL:

- **Ptah,** patrono dos artesãos, criador do mundo material e espiritual, através da palavra. Era venerado em dois locais, Mênfis onde era identificado com o boi Ápis, e tinha o Templo funerário do Serapeo (oráculo de Serapis, divindade grega Ptolomaica identificada com Ptah) e em Tebas, pois era protector de Deir-in-Medineh, a única comunidade autorizada a trabalhar no Vale dos Reis.
- **Seckmet,** a temível leoa: Deusa mãe, deusa da guerra e destruição.
- **Nefertun, ou Imhotep o nascido do lótus:** filho de Ptah e de Seckmet, era representado como um homem com um lótus na cabeça, simbolizando sua ligação com a natureza. Como deus da natureza, era o calor do sol.

Outros deuses importantes eram: – Atum, – Geb, – Hórus, – Naunet (mãe de Atum), – Shu, – Tefnut-Set.

A criação

Ptah autocria-se, ao emergir das águas primordiais como Tateman "a terra que sobe" (semelhante à versão do monte primordial). Depois manifesta-se como coração (mente) e língua (fala). E planeia toda a criação (todas as coisas do universo, mundo material, as cidades, plantas, seres vivos, beleza, justiça, o mundo espiritual e os próprios deuses) concebendo-os primeiro no seu coração (mente) e depois dando-lhes existência ao pronunciar os seus nomes.

Ptah é representado como uma múmia humana, com as suas mãos livres a empunhar um ceptro composto pelos símbolos da vida (cruz ankh), poder (was) e estabilidade (djed). Ou então com forma humana ostentando na cabeça um barrete, de pé num hieróglifo em forma de plinto, como parte da palavra Ma'at, a deusa da verdade fundamental.

Recupera a mitologia de Horus e Set na sua luta pelo poder no Egipto, com Geb intervindo como mediador, que no início reparte o país pelos dois deuses mas, mudando de ideia, entrega todo o Egipto a Horus.

D – Teogonia de Tebas

(Waset em egípcio, no Alto Egipto, capital real desde a 11ª dinastia até à 20ª dinastia – 2040-1070 a.C. – Império Médio, e centro do culto de Amon).

Para os sacerdotes de Tebas, Amon é o deus criador, deus supremo e invisível, autocriado em segredo, de quem todos os outros deuses seriam meras formas, incluindo a Ogdoad de Hermópolis. Seria também o Tateman, primordial da teogonia Mênfis. A própria cidade fora formada no monte primordial onde o mundo começara. Sítio das águas primordiais.

O Panteão tinha no seu topo uma trindade:

Amon (também Amaunet, a serpente original) – a esposa **Mut**, deusa mãe e filho **Khonsu**, deus da lua.

Os outros deuses da Enéada eram:

Min – deus da fertilidade;

Montu (**Month**) – deus da Guerra;

Sobek – deus dos crocodilos;

Hator – "Casa de Horus", deusa do amor e da música;

Onúris – deus guerreiro e deus do céu na teogonia de Abidos.

Esta Teogonia é das mais complexas, e tenta fazer uma síntese de várias versões: no início dos tempos existia a serpente Kamatf, que é assimilada a Amun, que deixou de existir quando o seu tempo acabou. Mas teve um filho, Irta, o criador da terra, que continuou a obra de seu pai e criou os oito elementos fundamentais (como no mito hermópolis) entre os quais Amun que declara ser ele próprio a serpente original, Amaunet.

E – Teogonia de Elefantina

Elefantina (Abu) capital da 1ª divisão administrativa (província) do Alto Egipto, uma pequena ilha junto da 1ª catarata do Nilo.

O deus criador é Khnemu, e forma uma trindade com sua esposa Satet, a guardiã das cheias do Nilo e filho Anqet, guardião da fronteira sul do Egipto.

A criação do homem é feita por Kknemu na sua roda de oleiro a partir de massa de barro com palha com a deusa Hator insuflando-lhe a vida.

Os Templos

Os templos no Antigo Egipto eram a morada da divindade na terra e não eram acessíveis às pessoas comuns: apenas poderiam penetrar nas suas zonas mais sagradas, o faraó, filho do deus e seu mais Alto Sacerdote e o corpo dos sacerdotes, ou profetas, como eram conhecidos. Mas o Templo era um elemento central no sistema de crenças, pois era aí que estavam os deuses, onde se reverenciavam e onde proferiam os oráculos privados de legitimação das decisões dos Faraós. Nos templos, magníficos como convinha à dignidade dos deuses, havia sempre um espaço reservado, mais sagrado ainda, para a divindade. Um Santo dos Santos que está presente em quase todos os templos mesmo de outras religiões.

O primeiro desses templos teria surgido no monte primordial, elevado das águas, no início do processo criativo, representando o próprio deus criador, Atum.

Aí habitaria o Falcão, num espaço reservado, símbolo do poder e da majestade, modelo dos Faraós. Estava associado a Hórus que era o deus caçador, da guerra e dos céus.

Os que depois foram erigidos representavam a continuação dessa ideia de acolher os deuses a quem eram dedicados.

Uma arquitectura especial foi criada por Akhenaton para o deus único – Sol: o Templo não tinha tecto para que o deus pudesse entrar livremente.

Mito da Fénix Renascida

– Fénix (benu) – "Sol"

Do período de Heliópolis. Esta ave, macho, de plumagem vermelha e dourada, chamada BENU pelos Egípcios, vivia na Arábia, junto a um poço onde se banhava, ao pôr-do-sol. Alimentava-se do ar ou comeria raramente, sempre fora dos olhares humanos. Uma vez em cada quinhentos (ou mil noutras versões) anos viajava para Heliópolis, onde tinha um Templo, e onde teria surgido do Oceano (Nun) no princípio da criação.

Aí, no fim da sua vida, construía um ninho de ramos de canela (de acácia segundo a Maçonaria). Este começava a arder, consumindo ninho e ave até ficarem só cinzas, das quais renascia uma nova e jovem Fénix. Esta colocava as cinzas da velha Fénix num ovo, feito de mirra, e depositava-o no templo.

Associada ao Sol de quem seria a mensageira dos grandes acontecimentos.

A certa altura, no Império Médio (2040-1780 a.C. XI e XII dinastia), tornou-se na alma de Osíris e associada a Vénus, a estrela da manhã, que seria o guia do Sol. Mas sobretudo era associada com Rá-Aton.

Este Mito será popular no helenismo como Símbolo do fogo e divindade, retratada por gregos e romanos, parecida com um pavão ou uma águia. Quando Apolo passava pela Arábia parava o seu carro solar para ouvi-la cantar.

É vista como uma ave imortal com a capacidade de se regenerar dos ferimentos, representada na pirâmide como o seu triângulo cimeiro.

Existe uma versão diferente contada por Heródoto:

A Fénix seria do tamanho de uma águia, com plumagem vermelha e dourada. Morre cada quinhentos anos, e a jovem Fénix leva-a dentro de uma bola feita de mirra, para o Templo do Sol, em Heliópolis, onde a enterra.

g) O Monoteísmo de Akhenaton

Sabemos o poder que os sacerdotes alcançaram na sociedade egípcia e no enorme esforço económico e financeiro que representava o sistema de crenças instalado. Não é de estranhar que esse facto suscitasse algum desconforto ao Faraó, obrigado a partilhar o seu poder e o seu tesouro. Por isso não admira a sempre presente tentação de reforçar o poder central, utilizando o sagrado, já que não se podia excluí-lo.

A muitos terá passado pela ideia a situação ideal de unificar o sagrado e o profano, na sua forma ideal de um só governante, um só império e um só deus. Pelo que isso representava de poder supremo, centralizado, e de coesão social. Da tentação à prática foi uma questão de tempo que muitos ensaiaram, criando um deus dos deuses, quase monolatria, como o Zoroastrismo. Mas o conceito de um deus único vai surgir no Egipto, com Amen-hotep IV – cerca de 1350-1334 a.C., na 18ª dinastia (1539-1295 a.C.). Para enfatizar a adesão ao novo deus, o Faraó mudou o seu nome para Akhenaton (filho de Aton), significando com isso que não seria mais a reincarnação de Amon, mas de Aton.

A disputa com os altos sacerdotes começara com seu pai, Amen-hotep III, por quem fora nomeado corregente, dadas as dificuldades em manter o sistema que minava o poder do Rei. Os sacerdotes haviam crescido em estatuto, usurpando prerrogativas reais, riqueza e poder, em muitas províncias eram mesmo dominantes. O Egipto era um grande Império, dadas as conquistas de Tutmoses III – 1504-1450 a.C. (O Napoleão do Antigo Egipto) que conquistou e conservou mais de 350 cidades ao longo de 17 campanhas militares que estendeu as fronteiras para Canaã, Babilónia e Mesopotâmia, até ao Rio Eufrates.

Amen-hotep IV resolve criar um novo culto com um deus único, ATON, que vai impor a todo o povo, ao mesmo tempo que deixava cair a contribuição para os outros deuses e seus sacerdotes. Como acontecera noutras ocasiões, muda a capital, construindo uma cidade para onde muda a família e o centro de poder – Akhetaton (o Horizonte de Aton) situada entre Mênfis e Tebas em local então despovoado, conhecida, hoje, como Amarna.

Iniciou o processo de apagar as imagens dos antigos deuses por todo o Egipto, sobretudo de Amon, dissolvendo os seus grupos de sacerdotes, e a construção de novos templos para o novo deus, desviando para este os investimentos e os rendimentos dos antigos. Com a oposição dos sacerdotes, evidentemente, e eventualmente parte do povo, habituado às suas divindades locais.

O deus Sol existia já na teogonia de Heliópolis, e o novo Faraó privilegiava esta em detrimento da Mitologia de Tebas, onde o deus sol Amon ou Amon-Rá estava presente e era mesmo preponderante.

Representado por um disco solar cercado por uma serpente,

aliás, símbolo do Faraó de que era a sua incarnação, razão porque era uma componente do seu nome (não esquecer que o nome era de importância fundamental para os egípcios).

O novo culto tem algo de semelhante com o culto solar de Amon-Rá, numa tentativa de transição suave. Mas no nono ano do seu reinado deu o passo decisivo para o monoteísmo, declarando Aton não apenas o deus supremo mas o único deus, e ele próprio o único intermediário do mesmo.

O que muda com Amen-hotep IV não é só a representação física desse deus, mas a sua própria essência: de criado passa a deus criador de todas as coisas; é um deus abstracto cuja única representação é a de um disco solar do qual emanam raios no fim dos quais está uma mão, significando que estava a criar a vida na terra. As doutrinas eram mais exotéricas, talvez influenciadas pela mãe do Faraó, Ti, de ascendência Mesopotâmica, do Império Mitani (1475-1275 a.C.) (10) onde o deus solar Varuna, por sua vez de origem ariana, era venerado.

Inaugura um novo conceito de construção e arte religiosa e funerária, cujo esplendor a arqueologia nos revelou no Vale dos Reis, Amarna, onde foram encontrados os túmulos de sua esposa Nefertiti e seu filho Tutankhamon, o faraó menino, agora mesmo objecto de análises científicas que atestam a filiação paterna, embora não materna.

Estudos mais recentes fazem coincidir este período com um conjunto de calamidades naturais (terramoto, erupção de vulcão e tsunami) que minaram a economia e trouxeram dor e sofrimento ao povo. Óptima altura para uma vingança dos deuses antigos e seus sacerdotes!

O fim deste Faraó está envolto em mistério pois o seu túmulo, embora construído, nunca foi ocupado, o que é estranho no contexto das ideias egípcias. Mais de estranhar quando não houve mudança de dinastia, logo o poder continuou na família, e toda ela está sepultada nesse local. Há evidências de convulsões sociais, pois houve um movimento no sentido de apagar qualquer vestígio de sua presença na história do Egipto. Seus monumentos foram demolidos, seu nome foi apagado, suas estátuas quebradas e suas representações desfiguradas.

O culto a Aton não sobreviveu, no Egipto, ao fim do reinado de Akhenaton, tendo os sacerdotes de Amon voltado ao poder, como antes, e seu próprio filho mudado o nome de Tutankhaton para Tutankhamon. A cultura egípcia não se mostrou preparada para essa revolução.

h) O Monoteísmo de Moisés (Moshe Rabbenu)

A ideia monoteísta vai acabar por triunfar com Moisés, o intermediário entre deus e os homens, como o Faraó.

Sendo interessante a associação que muitos estudiosos fazem entre este e Akhenaton. Desde a afirmação de que Moisés foi um seguidor desse culto e o continuou no Judaísmo (o primeiro a afirmá-lo foi Sigmund Freud no seu livro "Moisés e o Monoteísmo", onde sustenta que tal foi obra dos sacerdotes Atonistas e seus seguidores, em fuga).

O Êxodo e outros textos do Velho Testamento está impregnado de reminiscências religiosas deste período, com um deus invisível e indizível, que quando invocado é Adon (Adonai) a palavra hebraica para Aton. As próprias regras de higiene são semelhantes às adoptadas no Egipto em consequência das epidemias.

Fonte de controvérsia como livro sagrado, o Êxodo tem sido objecto de variadas interpretações, desde a literal até à posição representada pelo Rabino Richard Hirsh que numa introdução à Haggadah ("uma noite de perguntas") se questiona: **será o Êxodo uma história verdadeira?** E responde: "Não, se tal significar um relato preciso dos acontecimentos que menciona. Mas não contamos a história do Êxodo por ser um relato histórico, contamo-la porque é a nossa história e precisamos de lembrar e descodificar as ideias eternas que nele se contêm".

Parece-me ser uma visão correcta tanto mais que estamos a falar de textos escritos vários séculos depois dos factos que pretendem relatar. Por exemplo, o Êxodo terá sido escrito cerca do século VI a.C. e os factos relatados ter-se-iam passado pelo menos outros seis séculos antes. Claro que não é de desprezar a transmissão oral, matriz, aliás, das crenças egípcias, mas levanta-se sempre a questão da certeza. E há muitas incertezas nestes textos a começar pelos locais, personagens e sobretudo na deambulação de muitos milhares de pessoas por um deserto inóspito e sem alimento (se se acreditasse na letra seriam cerca de dois milhões de pessoas, homens, mulheres e crianças, de um Egipto com cerca de cinco Milhões! (Ex. 12,37 – que diz "cerca de seiscentos mil a pé, só os homens fortes sem contar as crianças"). Tudo poderá ser diferente se se entender como uma transmissão oral, colocada em escrita, das deambulações, agruras e sacrifícios que criaram uma identidade para um grupo nascido e criado na cultura egípcia, e um culto único que o agrega.

Outros afirmam-no divino, porque teria sido ditado por deus. Logo absolutamente fidedigno na sua letra. Sem querer polemizar quanto a este assunto, não deixarei de referir que tal não seria sequer necessário para que o mesmo fosse aceite como um livro sagrado. Há disso muitos exemplos por todo o médio e extremo oriente. Além de que é difícil entender como, se assim fosse, não esteja isento de controvérsia, não seja claro e inequívoco, e não se imponha como uma realidade única, já que provindo de um deus único. Sabemos que foi dirigido a homens e que estes tendem a complicar, mas então deveria manifestar-se, aí com propriedade, a ira desse deus que irrompe amiúde noutras circunstâncias. Sobretudo contra os exegetas por causa dos quais tantas guerras e atrocidades se cometeram!

É que não se trata de um qualquer escrito, pois ele moldou primeiro todo um povo e depois uma grande parte da Humanidade, com o cristianismo.

O Livro mais lido do mundo, mas também o que mais controvérsias tem gerado, muitas vezes resolvidas com a espada e sangue.

Neste caso o Velho Testamento, mas sobretudo a história do êxodo de um grupo humano que veio a tornar-se dos mais coesos de toda a História, continua a suscitar controvérsia e inúmeras teorias as quais se centram sobretudo na veracidade histórica do relatado.

Muita da controvérsia centra-se na figura de Moisés (data do nascimento; sua personalidade), e sobre qual teria sido o Faraó da Opressão e o do Êxodo. Mas também sobre o seu número e itinerário. Dúvidas a mais para poder levar-se à letra!

Sobre a data da saída, não há certezas, variando entre 1525 e 1260 a.C. (contar sempre que Moisés teria 80 anos aquando do êxodo). Uns, mais apegados à letra, defendem ter sido na 18ª dinastia, sendo Tutmoses III (1479-1425 a.C.) o Faraó da Opressão e Amen-hotep II (1425-1400 a.C.) o Faraó do Êxodo. Teria sido a filha do Faraó Tutmoses II, a Princesa Nefure (Ex. 2:10), e que lhe teria sucedido na ausência de filho varão, como a Rainha Hatchepsut – Faraó do Egipto), que recolheu Moisés, o adoptou e criou. Esta datação baseia-se no Livro dos Reis I, 6:1, que afirma ter Salomão (c. 962 a.C.) iniciado a construção do Templo "no ano 480 após a saída dos filhos de Israel do Egipto", ano da saída do Egipto. Ou seja 962+480, daria cerca de 1442 a.C.

Outros recuam essa data para a época da expulsão do povo Hicsos da Etiópia (Kush), no Século XV/XVI a.C. no início da 18ª dinastia (1550 a.C.), pois a história regista a expulsão desse povo. Neste caso Amoses (1550-1525 a.C.) seria o Faraó da Opressão. É a tese de Jacobovici no filme o "Êxodo Descodificado".

Para outros a data seria cerca 1280/1270 a.C., na 19ª dinastia, iniciada pelo general Paramesu, que adoptou o nome de Ramsés I (1307-1309 a.C.) a quem sucedeu seu filho Seti I, que iniciou a restauração do poder Egípcio, e governou até 1290 a.C. Sucedendo-lhe Ramsés II que governou durante 66 anos desde 1290 a 1224 a.C. Seria este o Faraó da Opressão e seu sucessor Merenptah (1224-1214 a.C.) o Faraó do Êxodo.

Há uma teoria, sustentada pelo escritor egípcio Ahmed Osman (**ahmedosman.com**) no seu livro de 1990 "*Moses and Akhenaten: The Secret History of Egypt at the Time of the Exodus*" (aliás, com filme projectado pelo produtor inglês John Heyman' com o título "Moses and Nefertiti"), que identifica Moisés como Akhenaton em fuga. Baseia-se em indícios de que Akhenaton não teria morrido, dado não se ter encontrado a sua múmia, antes fugido da agitação social e das epidemias, indo refugiar-se no Sinai, sendo de facto Moisés. Baseia-se em relatos de escritores antigos:

- O sacerdote Egípcio Maneto (III séc. a.C.) de que se conhecem fragmentos da sua "História do Egipto" (Aegyptiaca) onde menciona Moisés e o Êxodo detalhadamente, citado por Eusébio de Cesareia e também por Flávio Josefo, afirmando expressamente que o relato decorreu no reinado de Akhenaton, e descrevendo as epidemias, revoltas e violação dos templos que ocorreram durante esse período;

- Apion, escritor greco-egípcio (20 a.C.-48 d.C.), citado criticamente por Flávio Josefo (38-100 d.C.) na obra "Contra Apion", que afirmava ter Moisés construído templos no Egipto, sem tecto, virados para este (típicos do culto de Aton);
- Ahmed Osman recorre também a textos bíblicos e ao Talmude para referir algumas similitudes;
- O Talmude afirma que Moisés foi, durante um certo tempo, Rei da Etiópia, de que abdicara a favor de um filho do anterior Rei. Ora os Reis da 18ª dinastia eram considerados Reis da Etiópia (Kush). Aliás, a única campanha militar conhecida de Akhenaton foi exactamente para confirmar a sua soberania nessa região!
- O Salmo 104 do Livro dos Salmos do Velho Testamento é em parte uma reprodução do Hino a Aton, encontrado pelos arqueólogos em Akhetaton.
- O disco solar foi adoptado pelos Reis de Judá como emblema.
- Um dos símbolos usados por Moisés era um ceptro com uma serpente, como o dos Faraós, que se manteve como símbolo até ao Rei Ezequias (Reis II, 18-4) que "despedaçou a serpente de bronze que Moisés tinha feito, porque, até então, os israelitas queimavam incenso diante dela".

Tudo para concluir que Moisés e Akhenaton seriam a mesma pessoa e que o monoteísmo judaico provém do monoteísmo egípcio, numa versão mais elaborada.

Tese muito contestada, citando-se por todos Donald B. Redford (*The Monotheism of the Heretic Pharaoh: Precursor of Mosiac monotheism or Egyptian anomaly?*", Biblical Archaeology Review, May-June edition 1987), que afirma que não tem suporte nos factos recentemente conhecidos e que o monoteísmo judaico teve um desenvolvimento separado, pois faz uma datação que difere em cerca de 500 anos.Com as recentes análises de ADN foi possível estabelecer que a múmia de Akhenaton existe e que é o pai de Tutankhamon, o que parecer deitar a tese por terra.

O certo é que a ideia monoteísta faz o seu caminho, e a história regista o seu parto difícil, que mete perseguições, deambulações e agruras que criam a identidade de um grupo, um corpo do culto e uma liderança, até que finalmente da Montanha vem um deus e a expressão do seu poder: um Livro por si ditado, sem contradita, sem erro.

Mas é um parto violento, como se extrai do próprio texto do Livro: Moisés desce do Sinai com o Decálogo e verifica que parte do seu povo, que sempre o acompanhara, havia retomado velhas crenças egípcias. Não se dirige apenas aos que não retomaram as anteriores crenças, vai praticar o primeiro acto fundador da intolerância: chama os apaniguados do seu deus único, que se mantiveram fiéis, os Levitas, sua tribo, e diz-lhes (Êxodo 32,27*)* ***"cinja cada um de vós a espada sobre a coxa. Passai e tornai a passar através do acampamento, de uma ponta à outra, e cada um de vós mate o irmão, o amigo e o vizinho" e (Ex. 32,28) "Os filhos de Levi fizeram o que Moisés lhes ordenara, e cerca de três mil homens morreram nesse dia, entre o povo".***

Moisés conseguia, pela força, mas agora com um Livro, o que Akhenaton tentara: impor um deus único a todo um povo errante, ainda, mas com promessas de um reino, desde que daí para a frente só ao DEUS ÚNICO adorasse. Isto é, desde que mantivesse a unidade do sagrado e do Profano.

Um deus que nem sequer se arrogava ainda a qualidade de único deus existente, mas apenas o deus de um povo, com quem pactuava a exclusividade em troca de uma "terra que mana leite e mel" (Ex. 3,18). Um Deus que se dizia o "Deus Supremo" (Génesis 35,11), não o único Deus do Universo.

Era o começo de um longo caminho do monoteísmo, com avanços e recuos mesmo entre este povo eleito. Paradigmático é o facto de Salomão, a grande referência de um governante sábio, (Reis I,5:9-11) cerca de 1.400 anos após este facto relatado, apesar do Templo que construiu ao deus único de Israel, ter construído outros para outras divindades de que suas "700 esposas de sangue nobre e 300 concubinas" (Reis I,11-3) eram devotas (Reis I,11:7-8).

Vão ser necessários mais 1.500 anos e mais um grande Império, para a ideia monoteísta se aprimorar e consolidar. Mas manterá sempre essa matriz fundacional de intolerância que chegará, no Ocidente, a extremos que a história testemunha, sobretudo quando passa à sua versão absoluta: só existe um Deus Verdadeiro. Os restantes não são deuses. Quem estes adoram está em erro. Prova? Está tudo no Livro.

4 – FILOSOFIA E RELIGIÕES A OCIDENTE

A – A CULTURA GREGA

Os gregos (Helenos era como se chamavam a si mesmos na convicção de descenderem do deus Heleno) são de facto uma mistura de povos indoarianos provenientes do oriente em vários períodos (Aqueus, Jónicos, Dóricos e Eólios) que se estabeleceram no Mediterrâneo por volta de 2.000 a.C., numa área geográfica que abrangia o que é hoje a Grécia, a parte sul da Itália, partes da Bulgária, Macedónia, partes da Turquia e as ilhas do Mar Egeu. Ao todo cerca de 100.000 Km^2.

Não mantinham todavia uma organização unificada embora falassem a mesma língua: constituíram-se numa multiplicidade de cidades-estado (Atenas, Esparta, Tebas, Corinto, Siracusa etc.), que frequentemente se digladiavam pela supremacia (guerra do Peloponeso – 431-404 a.C.) mas também se uniam para lutar contra os vizinhos como aconteceu contra o Império Persa (492--448 a.C.), que acabaram por vencer.

A economia centrava-se na agricultura, no cultivo de oliveiras, trigo e vinhedos, tendo na escravatura uma fonte importante de mão-de-obra. Mas sobretudo no comércio: Os gregos eram destemidos mercadores e foi com o comércio marítimo que alcançaram grande desenvolvimento e riqueza.

Desenvolveram uma cultura pujante em todos os domínios do saber da época. Mas, seguramente, o seu legado mais marcante foi a filosofia grega que influenciou todo o modo de pensar pelo menos a "Ocidente". Embora todos os ramos do saber tenham tido um grande impulso, gerado pela paz e prosperidade.

Destacaram-se na dramaturgia: quase todas as cidades gregas tinham anfiteatros, onde os actores apresentavam peças dramáticas ou comédias; ergueram palácios, templos e acrópoles; criaram os Jogos Olímpicos em homenagem aos deuses. Aliás, os gregos desenvolveram uma rica mitologia, objecto de interesse e estudo até hoje.

A cultura grega clássica era pujante e deu ao mundo os filósofos que iriam influenciar o pensamento ocidental até hoje: Pitágoras de Samos (570-497 a.C.); Sócrates (469-399 a.C.); Platão (428-387 a.C.); Aristóteles (384-322 a.C.).

Essa influência vai espalhar-se por todo o mundo conhecido da época, e perdurará por muitos séculos, moldando e influenciando toda a cultura do Médio Oriente ao Ocidente. O que acontece pela mundialização do Helenismo, possível pela conquista, por Alexandre Magno, do Império Persa.

B – A RELIGIÃO GREGA

O sagrado estava presente na vida quotidiana, e materializava-se num politeísmo tolerante, embora a descrença (impiedade) pudesse ser punida, pois significava uma ofensa aos deuses concitando a sua ira sobre toda a sociedade. A história menciona a esse respeito a condenação, por isso, de Sócrates.

Os deuses possuíam características antropomórficas. Os

seus heróis eram filhos de deuses com mortais (logo semideuses) situando-se na mitologia entre aqueles e estes, possuindo a força e poder dos deuses mas sendo mortais.

Embora o culto fosse também caseiro, construíram-se muitos e magníficos Templos aos deuses mais importantes, onde se estabeleceram os Oráculos, representantes dos deuses e intérpretes dos seus sinais (Delfos, Olímpia, Epidauro). Os gregos acreditavam na existência de vida para além da morte, num julgamento e recompensa: Após a morte a alma (psique) do morto era conduzida por Hermes até à barca de Caronte, a quem teria de pagar para que este a transportasse, atravessando quatro rios infernais e passando por Cérbero, o cão de três cabeças, até ao mundo subterrâneo (daí a tradição de colocar nos olhos do morto duas moedas) onde seria julgada por Radamanto, Minos e Eaco.

Conforme as suas acções seria enviada para o Tártaro – morada permanente dos grandes criminosos; para Érebo – local intermediário do qual ela iria para algum dos outros dois; ou para os Campos Elíseos – local agradável e quase paradisíaco onde se aguarda a reincarnação.

Quem consegue ir ao mundo do além e voltar torna-se sábio, é apto a instruir, orientar, ensinar. Quem consegue voltar do caminho sem volta, não é mais tão-somente humano.

Os Mitos Gregos

A mitologia grega era muito importante na vida dos gregos, pois através dos mitos e lendas os gregos transmitiam mensagens e ensinamentos. Alguns, reservados e sigilosos, deram origem a Escolas de Mistérios. A base dos Mitos gregos encontram-se nos poemas do período arcaico (século IX-VII a.C.) de Homero (Ilíada e Odisseia) e Hesíodo (Teogonia e os Trabalhos e os Dias).

A "Teogonia" ou *Genealogia dos Deuses*, de Hesíodo (séc. VIII a.C.) constitui uma recompilação dos Mitos gregos da criação. Contém dois relatos: o da criação do mundo, a partir de Caos e

Éter dos quais descenderiam o Céu, a Terra e Zeus; o outro, mais extenso, com a linhagem de deuses do Monte Olimpo.

Para entendermos o relato devemos ter presente que neste estágio de conhecimentos a Terra era fixa e oca.

Criação do mundo

No princípio era o Caos (o vazio primitivo e escuro que precede toda a existência, o vácuo abissal). Depois vem a "Terra de amplo seio", o Tártaro no "fundo da Terra" e Eros, o mais belo entre os deuses imortais, o impulso amoroso. O Caos gera Érebos (região subterrânea, nocturna, ligada ao reino dos mortos) e a Noite, que se estabelece no Tártaro. A Terra (Gaia) gera o Céu (Urano), e este deixa:

"A chuva ao cair de seu leito celeste

Fecunda a Terra, e esta para os mortais gera

As pastagens dos rebanhos e os víveres de Deméter".

A chuva escorre pela Terra e dela nascem os rios e os mares

A Noite e o Érebro geram o Éter (região exterior, de luminosidade do céu diurno) e o Dia.

Criação dos outros deuses

De Gaia, sem intervenção masculina, nasce Urano, que se une como casal à mãe, e de quem nascem os Titãs: seis homens e seis mulheres (Oceano, Céos, Créos, Hiperião, Jápeto, Teia, Reia, Têmis, Mnemosine, Febe, Tétis e Cronos); os Ciclopes de um só olho, e os Hecatônquiros (ou Centimanos). Porém o pai Urano não desejava o seu nascimento e eles permaneceram no seio de Gaia, obedientes ao pai. Só Cronos, o mais novo dos Titãs, "de pensamentos tortuosos" acalenta desejos de vingança. Com uma foice dada por sua mãe Gaia, castra o pai, lança os seus genitais no mar, liberta os irmãos presos no seio da mãe e casa-se com sua irmã, a titã Reia (energia da terra).

Seu pai, Urano, fica assim incapaz de procriar, mas dos seus genitais lançados no mar escorre esperma, que fertiliza a espuma da água e donde nasce Afrodite. Da ferida de Urano, fruto da castração, sai sangue que vai gerar as Ninfas Melíades, as Erínias e os Gigantes.

Entretanto Cronos, afastado o pai, torna-se o rei dos deuses com sua irmã e esposa Reia como cônjuge e os Titãs como sua corte, mantendo presos no Tártaro, os Cíclopes e os Hecatônquiros.

De Cronos e sua irmã Reia nasceram os deuses olímpicos (Héstia, Deméter, Hera, Hades, Poseidon e Zeus), que aquele, imitando seu pai, devorou ao nascerem, com medo que um deles o destronasse. Mas Zeus, o mais novo, com a ajuda da mãe, conseguiu escapar e travou uma guerra contra o pai. Vencedor, Zeus obrigou o pai a vomitar os irmãos, e libertou os Cíclopes e os Hecatônquiros. Juntos combatem e vencem os Titãs. Zeus condena, então, Cronos e os Titãs à prisão no Tártaro. Agora é a vez de Gaia, furiosa por ver seus filhos presos, tentar vingar-se: une-se ao Tártaro e gera o monstro Tifão que no entanto será vencido por Zeus, que vai governar como deus dos deuses, a partir do Monte Olimpo.

Os deuses que irão compor o cenário principal da mitologia grega serão, essencialmente, os filhos de Reia e Cronos, os deuses Olímpicos. Embora não haja consenso histórico quanto à lista destes, eis uma delas:

Zeus – deus de todos os deuses, senhor do Céu. Simbolizado pela águia e pelo fogo.

Seus irmãos

Hera – esposa de Zeus, deusa dos casamentos e da maternidade. Simbolizada pelo pavão e pela romã.

Poseidon – deus dos mares, representado com um tridente na mão.

Deméter – Deusa da fertilidade da terra e da agricultura.

Héstia – Deusa guardiã dos lares e do fogo sagrado.

Seus filhos

Apolo – Deus do sol, da harmonia, da luz, da música e da poesia. Simbolizado pela lira e pelo louro.

Ártemis – irmã de Apolo, deusa da caça, da lua, da vida selvagem e das virgens. Simbolizada pelo veado e pelo arco.

Ares – divindade da guerra.

Atena – deusa da sabedoria e da serenidade. Protetora da cidade de Atenas. Simbolizada pela coruja e pela oliveira.

Hermes – divindade que representava o comércio e as comunicações. Mensageiro dos deuses, representado com asas nos pés e no capacete.

Hefestos – divindade do fogo e do trabalho, dos metais e dos vulcões. Simbolizado pelo martelo e pela tenaz.

Afrodite – deusa do amor e da beleza. Simbolizada pela pomba.

Nalgumas versões dos mitos Hefesto aparece fora da lista por ser filho apenas de Hera, bem como Afrodite que seria filha, apenas, de Urano. Neste caso incluem:

Dionísio – Deus do vinho, representado com uma taça e uvas nas mãos.

Perséfone – Deusa rainha do mundo subterrâneo, deusa da primavera, filha de Zeus e Deméter e esposa de Hades.

Outros deuses

Hades – Deus dos mortos e dos infernos, em cuja porta ficava o cão Cérbero, com três cabeças. Para lá iam as almas de todos os mortos que posteriormente seriam divididas indo para um dos 3 espaços deste mundo: Campos Elíseos, Érebo e Tártaro.

Hécate – Deusa associada à magia, bruxas e cruzamentos.

Mas existiam uma variedade de outras divindades e seres mitológicos:

- *Ninfas:* seres femininos que moravam nas nascentes.
- *Nereidas*: que habitavam o mar e os rios.
- *Dríades*: espíritos das árvores.
- *Sátiros*: figura com corpo de homem, chifres e patas de bode que residiam em florestas, bosques e mares.
- *Centauros*: com um corpo formado por uma metade de homem e outra de cavalo.
- *Sereias*: mulheres com metade do corpo de peixe, atraíam os marinheiros com seus cantos atraentes.
- *Górgonas*: mulheres, espécies de monstros, com cabelos de serpentes como a Medusa.
- *Quimeras*: mistura de leão e cabra, soltavam fogo pelas narinas.
- *Erínias ou Fúrias*: que habitavam o submundo e cuja função era perseguir os culpados de homicídio, heresia ou perjúrio.

Além de numerosos outros deuses: *Asclépio, Circe, Éolo, Éris, Hebe, Hélios, Hipnos, Métis, Morfeu, Orfeu, Nêmesis, Pan* (deus cabra), *Selene, Tanatos* etc.

Heróis míticos (semideuses) – seres mortais, filhos de deuses com humanos (de entre uma longa lista):

- **Héracles** – filho de Zeus e Alcmena. Um símbolo do homem em luta contra as forças da Natureza, exemplo de masculinidade.
- **Hércules** ou Héracles – famoso por sua força que o levou a ultrapassar as doze tarefas que os deuses lhe impuseram (Os Doze Trabalhos de Hércules).
- **Édipo** – que matou o pai e casou, sem o saber, com a própria mãe. Quando tomou disso conhecimento, furou os próprios olhos por a não ter reconhecido.

- **Teseu** – Herói ateniense, famoso por ter morto o Minotauro com a ajuda de Ariadne.
- **Jasão** – Herói da Tessália, herói da aventura dos argonautas.
- **Perseu** – Decapitou a Medusa, monstro que transformava em pedra qualquer um que a olhasse nos olhos.

Os mitos deram origem a uma religiosidade profunda, oficial e privada, com cada cidade-estado organizando o seu panteão diferenciador e com o culto em torno desses deuses, aos quais se faziam cerimoniais e se dedicavam os Jogos.

C – A Filosofia Grega

A filosofia surge como uma via para a explicação das coisas, do mundo corpóreo, assente na razão, por contraponto ao Mito. Tal não significa que o seu aparecimento tenha representado o fim deste, pois é uma evidência histórica que subsistiram, paralelamente, durante séculos.

Mas a filosofia vai fazer um caminho para a emergência de um pensamento científico, e isso é de facto um legado da cultura grega, apesar da já referida opinião de Clemente de Alexandria.

Mas, sobretudo, vai colocar a ênfase no homem e não nos deuses, tentando encontrar para ele um caminho para a sua realização pessoal e felicidade. Sendo nesse aspecto diferente do actual conceito de filosofia.

Esta conceptualização começa cerca do século VII a.C. na Jónia, com Tales de Mileto (c. século VI a.C.), um dos Sete sábios da antiguidade (os outros são: Cleóbulo de Lindos, Sólon de Atenas, Pítaco de Mitilene, Brias de Priene, Quílon de Esparta e Periandro de Corinto).

Costuma dividir-se a filosofia grega em dois períodos: antes e depois de Sócrates (469-399 a.C.). Mas muitos consideram o contributo de Pitágoras como o ponto de viragem na filosofia inicial, e merecedor de um maior relevo, até pelas dúvidas sobre a real existência daquele, e pela influência sobre Platão, que se deslocou para conhecer a sua Escola de Crotona.

Convém afirmar que esta filosofia não punha em causa os deuses, como os Mitos os ensinavam, embora alguns os questionassem. Era sobretudo a explicação para a criação do Cosmos que os motivava, nesta fase.

a) Os Filósofos pré-socráticos

1 – Escola Jónica

A filosofia procurava, como se disse, uma explicação racional para a criação do mundo corpóreo e das coisas. E a grande interrogação inicial era sobre qual seria o princípio de todas as coisas, o elemento inicial, a matéria primeira, o substracto das coisas. Um pouco semelhante à interrogação egípcia do elemento primordial preexistente, pois do nada, nada nasceria.

Em boa verdade não seriam filósofos mas "fisiólogos" como lhes chamou Aristóteles, sendo Pitágoras o primeiro a dizer-se filósofo por não ousar chamar-se sábio. Apenas amigo da sabedoria.

Os filósofos desta Escola, fundada por Tales de Mileto, explicavam o mundo e a natureza das coisas, como resultante do desenvolvimento de uma natureza comum a tudo o que existe. Um princípio, um elemento, uma substância primordial, que seria a origem de tudo. Esse elemento é chamado de arché, que deveria estar presente em todos os momentos da existência de todas as coisas; no início, no desenvolvimento e no fim de tudo. Princípio pelo qual tudo vem a ser. Um Uno de que tudo emanaria. Um monismo próximo da ideia panteísta.

Mas os membros desta Escola não estavam de acordo sobre qual seria esse elemento ou princípio, o que pode em boa verdade afastar a definição de Escola:

- **Tales de Mileto** (640-546 a.C.) considerava a água como sendo a origem de todas as coisas.
- **Anaxímenes de Mileto** (588-524 a.C.) dizia ser o "ar" a substância primária, uma essência divina rodeando o cosmos.
- **Anaximandro de Mileto** (610-547 a.C.) para quem o princípio primordial seria o ápeiron, infinito indefinido, que verdadeiramente não podemos conhecer.
- **Heráclito de Éfeso** (540-470 a.C.) para quem seria o fogo esse elemento, nada permanecendo estático, sempre em constante movimento. Daí a consagrada expressão "Não nos banhamos duas vezes no mesmo rio", já que nem o rio nem quem nele se banha são os mesmos em dois momentos diferentes. Esse movimento, esse devir, acontece em todas as coisas e é uma alternância entre contrários: coisas quentes arrefecem, coisas frias aquecem; coisas húmidas secam, coisas secas humedecem etc. A realidade acontece, então, não em uma das alternativas, posto que ambas são apenas parte de uma mesma realidade, mas sim na mudança, na guerra entre os opostos.
- **Empédocles** (495-435 a.C.) sustentava a ideia de que o mundo seria constituído por quatro princípios: água, ar, fogo e terra. Tudo seria uma mistura desses quatro elementos, em maior ou menor grau. As duas forças responsáveis pela manutenção do universo seriam o Amor que une os elementos (raízes) e o ódio que os separa. A morte seria a desagregação dos elementos. Todos nós faríamos parte do todo que se renovava em ciclos concêntricos, reunindo-se (nascimento) e separando-se (morte).

2 - Escola Eleática

Os pensadores de Eleia, ao contrário dos da escola jónica,

diziam que o ser é unidade e imobilidade e que a mutação não passa de aparência. O movimento é uma ilusão, pois algo que é, não pode deixar de ser e algo que não é, não pode passar a ser; assim, não há mudança.

– **Parménides de Eleia** (540-470 a.C.), o principal representante desta escola, concebia o ser como realidade material, sendo único e imutável. A que se chegaria pela razão, sendo a realidade percebida pelos sentidos mera aparência.

3 – Escola Atomista

Os atomistas sustentam que o ser é constituído por átomos, partículas indivisíveis e inalteráveis, que se unem e separam, agrupando-se de forma variada, produzindo as coisas que observamos.

São seus representantes **Leucipo de Mileto** (c. 500 a.C.), o verdadeiro criador do atomismo (segundo a tese de Aristóteles), mestre de **Demócrito de Abdera** (460-370 a.C.) considerado como o maior atomista. É uma concepção ateísta da criação.

4 – Escola Pitagórica

PITÁGORAS (570-496 a.C.) nascido em Samos, cidade grega, na Jónia, parte do Império Persa, o que lhe permitiu percorrer o mundo de então, e contactar com outras ideias e crenças, nomeadamente com o Zoroastrismo e ideias religiosas egípcias. A certa altura foi para Crotona, no sul de Itália, e aí fundou uma Escola tida por muitos como a "primeira Universidade do mundo".

Segundo Plutarco (Moralia, Ísis e Osíris): "Pitágoras estivera no Egipto onde aprendera com o sacerdote de Heliópolis, Oenuphi. Admirava esses sacerdotes e copiou os seus simbolismos e ensinamentos ocultos, incorporando-os nas suas doutrinas".

O mesmo afirma Amiano Marcelino (330-391 a.C.) na sua História, Livro 22, Cap XV: "Foi no conhecimento derivado dos egípcios que Pitágoras foi educado, que lhe ensinaram a venerar os deuses em segredo".

Não era uma simples Escola Filosófica, era também uma crença religiosa, um culto, uma escola de mistérios, organizada sob a forma de irmandade mista, vinculada por um juramento de fidelidade aos ensinamentos e de silêncio sobre tudo o que se passava na mesma.

Comportava dois círculos, interior e exterior, designados respectivamente "alunos" (que já conheciam uma versão elaborada dos ensinamentos) e "ouvintes" (no estágio inicial de aprendizagem), na designação Porfírio.

Diz o filósofo neoplatónico **Jâmblico** que Pitágoras, "quando já estava preparado para instruir os seus discípulos, não aceitava de imediato o ingresso na escola dos jovens que se aproximavam dele com essa intenção, mas só depois de os haver testado e haver chegado a uma conclusão sobre eles" ("Vida de Pitágoras").

Todos se sujeitavam a uma vida ascética, vegetariana, a normas morais apertadas, com práticas rituais em que a música representava um papel importante, procurando levar uma vida pura e contemplativa. Dedicavam-se ao estudo da matemática, contendo os números as explicações para tudo. Propunham-se intervir na vida pública em nome de um governo assente na virtude.

O símbolo da Escola era o pentagrama, representação do número cinco, um número místico:

– a estrela do microcosmo, ou do pequeno universo; a figura do homem que domina o espírito sobre a matéria, a inteligência sobre os instintos. Representa o próprio corpo, o homem individual, os 4 membros e a cabeça.
– Simboliza, ainda, o macrocosmo, o Homem Universal – dois eixos, um vertical e outro horizontal, passando por um mesmo centro. Um símbolo de ordem e de perfeição, da Verdade Divina: "O que está em cima é como o que está embaixo".

Representava também:

– **os cinco Elementos:** 1 – Espírito – os Criadores, a Deusa e o Deus; 2 – Ar – as forças aéreas. Corresponde à inteligência, ao saber e à criatividade; 3 – Água – as forças aquáticas. Associada ao inconsciente, às emoções e à adaptabilidade das situações; 4 – Terra – as forças telúricas, simboliza a fertilidade, a procriação e o crescimento, 5 – Fogo – a energia, a vontade. Corresponde às transformações, às mudanças, à agilidade.
– **As cinco fases da Vida:** Nascimento, o início; Infância, o crescimento; Maturidade, comunhão e amizade; Velhice, reflexão e sabedoria; Morte, o fim e um novo recomeçar (transmigração das almas).

As suas ideias filosóficas e religiosas eram indissociáveis. Mas em concreto sobre os ensinamentos de Pitágoras nada se sabe por discurso directo, já que considerava essas ideias e práticas como objecto de sigilo absoluto, que exigia a todos os seus membros. Só mais tarde Jâmblico e Porfírio revelaram o seu conteúdo.

A base da sua filosofia era a metempsicose, a transmigração da alma: esta é a substância primordial, imortal, preexistente ao corpo, no qual encarna, aprisionada, como castigo pelas culpas de uma existência anterior. O corpo representava o mal e a missão era fazer prevalecer os valores da alma para que esta, quando se libertasse do corpo, tivesse a felicidade eterna, evitando a transmigração.

Era pois necessário levar uma vida pura para atingir essa harmonia final. Para isso era vantajoso ser iniciado, pois a este eram dados conhecimentos que o ajudavam a, com mais certeza, atingir esse estado. Os instrumentos propostos por Pitágoras era levarem uma vida dedicada ao conhecimento, procurar comportar-se de forma ética, respeitando certas regras e praticando certos Ritos.

A explicação da cosmogonia, cosmologia e teogonia passavam pelos números e seu simbolismo, dos quais o 1 representaria o UNO, a Monada, de que emanaria todo o resto. Esse Uno seria o deus criador, com o qual a alma aspiraria a partilhar a Harmonia.

Os pitagóricos deram à ciência um enorme contributo, investigando as relações matemáticas e descobrindo vários dos seus fundamentos e da física. Desenvolveram o importante "teorema de Pitágoras": em todo o triângulo rectângulo, a soma dos quadrados dos catetos é igual ao quadrado da hipotenusa. A sua filosofia estava ligada a concepções esotéricas e a moral pitagórica enfatizava o conceito de harmonia e práticas ascéticas.

Algumas máximas dos Pitagóricos:

1 Educai as crianças e não será preciso punir os homens.
2 Não é livre quem não obteve domínio sobre si.
3 Pensem o que quiserem de ti; faz aquilo que te parece justo.
4 O que fala semeia; o que escuta recolhe.
5 Ajuda teus semelhantes a levantar a carga, mas não a carregues.
6 Com ordem e com tempo encontra-se o segredo de fazer tudo e tudo fazer bem.
7 Todas as coisas são números.
8 A melhor maneira que o homem dispõe para se aperfeiçoar, é aproximar-se de deus.

9 A Evolução é a Lei da Vida, o Número é a Lei do Universo, a Unidade é a Lei de Deus.

10 A vida é como uma sala de espectáculos: entra-se, vê-se e sai-se.

11 A sabedoria plena e completa pertence aos deuses, mas os homens podem desejá-la ou amá-la tornando-se filósofos.

As suas ideias influenciaram Platão (este fez duas longas visitas à sociedade pitagórica de Crotona): a Répública de Platão poderia ter sido imaginada com base na organização Pitagórica; mas sobretudo a abordagem mística de Pitágoras acerca da alma e a posição da matemática como base filosófica, das ciências e da moral.

Este tipo de organização seduziu e influenciou as associações esotéricas e perdurou em muitas escolas neopitagóricas até, pelo menos, à Idade Média, adaptadas ao misticismo cristão.

b) SÓCRATES

Sócrates teria vivido entre 469-399 a.C., embora alguns historiadores afirmem ser apenas um personagem dos diálogos de Platão, por cuja obra o conhecemos, pois não deixou qualquer escrito. Até aí a filosofia preocupava-se com a explicação das coisas, e Sócrates (Platão) vai centrar a reflexão filosófica no homem, na sua natureza e no conhecimento de si mesmo, com vista ao seu aperfeiçoamento e sua felicidade. Composto de corpo e espírito (alma), haveria dois mundos abertos ao homem: o mundo físico, das coisas materiais, e um mundo espiritual, abstracto, mais perfeito, que era o verdadeiro, a que se chegaria pelo labor intelectual. A filosofia servia ao homem para se dedicar à procura metódica dessa verdade, identificada com o bem moral.

O método proposto por Sócrates para a descobrir ficou conhecido como Maiêutica e desenvolvia-se em dois momentos. No primeiro uma pessoa era levada a reconhecer a sua ignorância, mesmo quanto ao que julgava saber, impregnado que estava pelos preconceitos, costumes, tradição, crenças e erros, até concluir que "só sei que nada sei". A partir daí estava pronto para procurar a verdade, que afinal estava dentro de si, pois a sua alma existira no mesmo mundo das Ideias, logo conhecera-as. Bastava lembrar-se. Para isso era fundamental conhecer-se a si mesmo: "Conhece-te a ti mesmo" (sentença gravada no frontispício do oráculo de Delfos e atribuída ao deus Apolo).

A verdade era acessível pelo labor intelectual e introspeção, e era o mundo das Ideias. Bastava encontrá-la e expressá-la (maiêutica). Devia para isso socorrer-se da ajuda dos outros, em diálogo com eles. Com isso atingiria o conhecimento do bem, do belo, da justiça e outros valores perfeitos. Em suma a verdade e clareza sobre a própria existência. Talvez nunca consiga encontrá-la, mas não deve desistir de a procurar, pois o acto de procura era meio caminho andado para a encontrar. Era uma elevação espiritual com que atingiria a felicidade (como a oriente se diria: o nirvana), sendo que se desenhava uma filosofia que subalternizava o corpo em favor do espírito, da alma.

Este método punha em causa os preconceitos, a opinião maioritária, os costumes, a tradição, e questionava as falsidades, destruía o discurso demagógico dos poderosos, forçava todos à reflexão permanente. E punha em causa os próprios deuses como entidades exteriores ao homem.

Sócrates tornou-se incómodo pelas suas ideias e influência. Acusado de impiedade passível de ofender os deuses e concitar castigos dos mesmos sobre toda a sociedade, teria sido condenado à morte, sentença que cumpriu, embora a achasse injusta, tomando ele próprio o veneno (cicuta).

c) Post-Socráticos

Mas são dois dos seus seguidores que irão desenvolver

e revigorar estas novas concepções: seu discípulo Platão, e o discípulo deste, Aristóteles.

1 - Platão

Nascido em Atenas (427-347 a.C.), discípulo de Sócrates e professor de Aristóteles, funda uma Academia em Atenas onde ensina. Escreveu 35 diálogos e 13 cartas, onde apresenta as suas ideias.

Platão concebia, à semelhança de Sócrates, a existência de dois mundos: um, o mundo material, concreto, sensível, em constante mutação, que é apreendido pelos sentidos e que é o mundo normal; outro, o mundo transcendente das Ideias, das Formas, dos arquétipos, de que os objectos do mundo material seriam cópias imperfeitas. As Ideias seriam preexistentes e existiriam num mundo superior, simples, perfeitas e imperecíveis. A mais perfeita dessas Ideias ou Formas seria a forma do Belo ("a suprema beleza consiste em se confundir com a luz intelegível", diz em Fédon).

As Ideias são o próprio objecto do conhecimento intelectual, a que se acede por um labor intelectual de reminiscência. Por isso distinguia claramente entre a alma do homem e o seu corpo. O homem era uma criatura dual: o corpo é terra e pó, como tudo o mais, do mundo material, logo perecível; mas também possui uma alma, invisível e divina, como são as Formas, que persiste para além do perecimento do corpo. Existiria no mundo das Ideias, que conheceria. Esse local seria o Hiperurânio, o mundo superior. Ao juntar-se a um corpo, ficaria aí encerrada como que num cárcere, dependente, para o futuro, das suas atitudes e comportamento. Seria uma união acidental, violenta até, antinatural (influência Pitagórica).

Perecendo o corpo, a alma será levada por um guia para o mundo subterrâneo, o Hades, e submetida a um julgamento, e conforme as suas obras assim lhe é dada uma recompensa ou condenação (Fédon, VIII, mito do destino das almas): o maior prémio seria atribuído às que sempre tivessem levado uma "vida irrepreensível", de contemplação da verdade, liberta das vaidades solicitadas pelo corpo (honrarias, apetites, prazeres etc.), o que se atingiria por uma vida ascética e de procura do conhecimento pela filosofia (exortação a uma "vida espiritual"). Essas podiam não reincarnar mas viver para sempre "na terra superior" (Campos Elísios), na felicidade do puro ser da intelegibilidade, "privadas dos seus corpos", seu cárcere. Outras expiariam suas penas no Tártaro (influência dos Mitos gregos antigos), após o que voltariam a reincarnar (metempsicose) em novo corpo (influência Pitagórica e Órfica). Algumas poderão mesmo nunca conseguir cumprir a punição, condenadas ao Tártaro eternamente, onde "sofrerão por suas culpas os maiores, mais dolorosos e atrozes tormentos" (Górgias). Outras, ainda, poderão reincarnar em corpos de animais para assim expiar as suas graves culpas.

As provas sobre a imortalidade da alma são o objecto do Fédon, onde explana três argumentos: o argumento dos contrários (a morte nasce da vida, a vida nasce da morte, numa sucessão cíclica que exige que as almas persistam algures); o argumento da reminiscência (também exposta no Ménon) segundo o qual o conhecimento está ínsito no espírito, na alma de todos, porque esta partilhara, antes de encarnar, o mundo das Ideias (que são também preexistentes), bastando exercitar a memória para atingir o saber; e o argumento das características da alma (a alma é simples e conhece as ideias simples e imperecíveis, logo será, como elas, imperecível).

Em boa verdade não será uma verdadeira imortalidade conforme ao sentido hoje atribuído, mas eternidade, pois era preexistente. Como apareceu? Não se colocava a questão, ainda.

Mas se a alma é o princípio da vida do corpo, o sensório do corpo, será dele dependente? A resposta de Platão é negativa: ela é independente, tem essência própria e está determinada para o bem ou o mal, para os quais "impele" o corpo, e o "guia como um piloto guia o seu barco".

Mas, então, como se mantém essa coesão entre corpo e alma? E responde: por seres chamados "logoi", que são Ideias ou a forma como as ideias se manifestam na mente. Essas Ideias são a realidade autêntica, e não aparente como as coisas sensíveis, que serão manifestações, comunicações, imitações ou participações daquelas. No mundo sensível não há beleza intrínseca: as coisas são belas porque participam do Belo ou comunicam com o Belo (Fédon, resposta de Sócrates a Cebes: "É por causa do belo que as coisas belas são belas").

Para melhor expor sua teoria, utilizou uma alegoria, a Alegoria da Caverna (República – livro VII), em que a caverna simboliza o mundo sensível, material, a prisão, os juízos de valor, em que só se percebem as sombras das coisas. O exterior, superior, é o mundo das Ideias, do conhecimento racional, o mundo real.

Alegoria da Caverna

Imaginemos uma caverna subterrânea onde os seres humanos estão aprisionados, algemados de pernas e pescoços, de tal forma que estão sempre no mesmo lugar, sem poderem mover a cabeça, e a olhar sempre para a frente, sem ver o que os rodeia. O ambiente é de semi-obscuridade, mal permitindo ver o que se passa no interior. Essa pouca luz que entra vem do exterior, do que parece ser uma grande fogueira, em frente da qual outros seres transportam figuras de todo o tipo, cujas sombras se projectam nas paredes da caverna, sendo a única coisa que os homens aprisionados veem. E como nunca viram nada excepto estas sombras das coisas, pensam que são a realidade, ignorando que existe um outro mundo fora da caverna, esse sim, real.

Que aconteceria se qualquer um pudesse libertar-se?

Olharia à sua volta e veria que a luz vinha do exterior, podendo mesmo ver que a origem das sombras se situava no exterior. E vendo um caminho de saída da caverna, para aí se dirigiria.

A luz, afinal, provinha do Sol, que o cegava. Estupefacto e estonteado pela luminosidade, maravilhar-se-ia, logo que habituado, com esse novo mundo que era o oposto do de baixo, de onde viera. Este era um mundo de formas perfeitas e via agora quão enganado estava, julgando real o anterior mundo de sombras. Eufórico com este conhecimento, voltaria ao interior da caverna onde contaria aos seus companheiros que havia um mundo real no exterior, e tentaria libertá-los para o conhecerem.

Como reagiriam estes?

Habituados ao seu mundo de imagens, era-lhes difícil acreditar noutra realidade. A primeira reacção seria de escárnio por alguém que ousava transmitir algo diferente, que propunha que renunciassem ao que consideravam ser o seu mundo, a sua verdade. Eventualmente expulsavam-no ou molestavam-no pela ousadia. Talvez conseguisse convencer outros, libertando-os desta condição.

(Na Alegoria descrita por Platão, o liberto, e que vira o mundo real, foi morto, numa referência ao destino de Sócrates)

Esta Alegoria é uma metáfora da condição humana, habitando o mundo ilusório das coisas sensíveis, de imagens, as quais são mutáveis, corruptíveis. Mas que julga ser o verdadeiro mundo, vivendo na ignorância, tomando como verdade as simples sombras.

Mas há um mundo real, das Ideias, das Formas, ao qual o homem pode aceder pela razão e conhecimento. Esse é o papel da filosofia: libertar o homem da sua condição, desse mundo de aparências. Para tal precisa de se dedicar à procura da verdade, de aprender com os outros de se conhecer a si próprio. Então verá o mundo superior e atingirá o bem, o belo. Pois o homem, feito de corpo e alma, pertence simultaneamente a esses dois mundos. Assim tenha a coragem de se libertar, e ver que a realidade está no mundo superior, embora a maioria da humanidade viva na condição da ignorância e infelicidade, sem o aperceberem.

A ideia de dois mundos, um inferior, de ilusão e de sombras do que lhe está em cima, onde todos habitamos, e o mundo superior, das ideias, da alma (intelecto), do verdadeiramente real, que obriga a um esforço individual para ser alcançado mas que é perfeito e belo, irá exercer um fascínio, algumas vezes crítico, em todos os tempos. Mesmo que não seja a Verdade cristã, nem poderia sê-lo porque Deus não se tinha ainda revelado, tinha já um pouco de verdade, como afirmaram os Pais da Igreja (**Patrística** consiste na elaboração doutrinal das verdades de fé do Cristianismo pelos primeiros filósofos cristãos: Justino, Tertuliano, Clemente de Alexandria, Orígenes, Gregório de Nazianzo, Basílio de Cesareia, Gregório de Nissa do séc. I ao séc. V). Durante anos será o paradigma do cristianismo moldado pelo pensamento platónico de Agostinho de Hipona (354-430 d.C.), até que o Aristotelismo se sobreponha.

A título de exemplo das reacções que ainda hoje suscita a filosofia de Platão, ver entre nós, o livro "A Caverna" de José Saramago.

2 – Aristóteles

Nascido em Estagira, Macedónia (384-322 a.C.) aluno de Platão, considerado um dos maiores pensadores de todos os tempos e criador do pensamento lógico, que mais influenciou o pensamento ocidental, "o príncipe eterno dos verdadeiros filósofos", como lhe chamou Augusto Comte (1798-1857). Fundou a sua Escola, "O Liceu", conhecida como peripatética (os que passeiam), por ensinar ao ar livre, em amenos passeios. Aristóteles dirigiu-a até 324 a.C., e aí ensinou Alexandre, o Grande, e sua geração de Macedónios que irão mudar o mundo.

Aristóteles aperfeiçoa e sistematiza as ideias de Platão e Sócrates. Mas ao contrário destes, afirma que as Ideias não têm uma existência separada, e que há um único mundo, este em que vivemos. O que está além de nossa experiência sensível não existe (Alma, l, III, parte 8: "Nada existe fora ou separado do sensível, incluindo o pensamento"). Só existe o real e concreto. O mundo corpóreo, os corpos, são compostos de matéria-prima e forma substancial. A matéria-prima é um princípio indeterminado e comum aos corpos que se vai diferenciando através das várias formas substanciais.

E o homem?

É "complexo" de corpo e alma, matéria indeterminada e uma forma substancial, determinação da matéria. Dando lugar a uma única substância, a um só ente (helimorfismo).

Mas o que é a alma? Haveria várias almas (sensitiva, vegetativa e intelectiva). A do homem seria a forma superior, a intelectiva, que contém as perfeições das almas inferiores. Mas alma seria, em certo sentido, todas as coisas existentes. Seria o "Acto... primeiro de um corpo natural que tem vida em potência", isto é, a forma substancial do corpo. (On the Soul – www.classics.mit.edu/Aristotle)

Como se liga ao corpo? Aristóteles, ao contrário de Platão, ensaia uma resposta: "Sobrevém em nós como uma substância" (Alma, I, 4). E mais não diz, deixando a questão por desenvolver. Mas como distingue vários tipos de alma, não pode excluir-se que significasse que provinha da própria matéria, logo não sendo preexistente. Um tanto confuso, sobretudo quando trata da alma intelectiva: o problema é saber se esta tem funções próprias, caso em que poderia ter existência separada, sendo neste caso incorpórea, não sensível, não misturada com o corpo, separada, eventualmente imortal, como terá defendido nos escritos iniciais (Eudemo e Sobre a Filosofia). Nos seus escritos posteriores, não repete esta afirmação. Diz que a função própria da alma intelectiva (aliás a única função) é o conhecimento intelectual, o que deixa a porta aberta para a sua existência separada do corpo; mas esta alma seria apenas uma espécie de alma, pois nem a sensitiva nem a vegetativa têm essa função. Ora, como a alma intelectiva abrange as outras formas, isso levaria a concluir que só uma parte da alma poderia separar-se do corpo, e ser imperecível. (Alma, II, 2: "Capaz de existência isolada dos poderes físicos".) E repete-se, ainda, em Metafísica, XII, 3: "A alma, mas não toda" pode subsistir depois da corrupção. Ou seja, não existe uma afirmação clara sobre a imortalidade da alma, louvando-se alguns dos seus intérpretes posteriores no argumento de que também a não negou, para concluírem pela afirmativa, caso de Santo Agostinho e dos Escolásticos.

Aristóteles distinguiria entre conhecimento intelectual e sensível (intelectualismo), não podendo este prescindir do corpo e aquele não estando misturado com o corpo. O sensível apenas pode conhecer as coisas corpóreas, enquanto aquele conhece as formas puras, as essências. Por outro lado isto parece contradizer a afirmação de que nada existe para além do sensível. E sensível é corrupção. E que a alma humana sendo única, não seria cindível entre uma parte corruptível e outra incorruptível.

É claramente uma proposta diferente da Platónica, mais racional.

A teoria intelectualista será, em todos os tempos, contradita pelos sensistas: pré-socráticos, Epicuristas, Empiristas, Materialistas: não existe qualquer diferença entre tipos de conhecimento, sendo uma simples faculdade sensível. Não existe nada separado do corpo, do sensível. (Interessante é ter sido esta, também, a opinião de um Padre da Igreja, Tertuliano, para quem a alma é um corpo (matéria) sui generis.)

É talvez por esta confusão que, entre os filósofos da patrística e até escolástica, a preferência fosse para Platão.

A importância de Aristóteles e o seu maior contributo para a filosofia foram os seus trabalhos noutros campos:

– Desenvolve a lógica dedutiva, silogística, que postula o

encadeamento das proposições (premissas) e das ligações dos conceitos mais gerais (maiores) para os menos gerais (menores). A lógica, segundo ele, é um instrumento para atingir o conhecimento científico, ou seja, aquilo que é metódico e sistemático.

- Lança as bases da Metafísica, filosofia primeira, na sua designação. A ciência que se ocupa com realidades que estão além das realidades físicas, e que não tem uma imediata apreensão sensorial. E que, como definia, se preocupava com as causas e princípios; com a essência do ser; com a investigação da substância, em especial da suprassensível. A sua distinção do ser em potência (poder ser) e em acto (ser) vai ser usada por Tomás de Aquino como uma prova racional da existência de deus: Todo o ser em potência podia ser acto, e este por sua vez seria ele próprio potência de um outro acto. Se se fizer o raciocínio na inversa chegaremos a um momento em que haverá um acto (ser) inicial, preexistente, imutável, um acto puro, perfeito, que não foi potência nem o será. Seria o Belo, para Aristóteles. Na teoria tomista, seria o Ser Perfeito: ("há graus de perfeição nos seres, uns são mais perfeitos que outros, qualquer graduação pressupõe um parâmetro máximo, logo deve existir um ser que tenha este padrão máximo de perfeição e que é a Causa da Perfeição dos demais seres").
- Também importante é a Ética, vista como o resultado de acções repetidas, de hábitos, quer sejam vícios ou virtudes, que se interiorizam, possibilitando a felicidade do homem. Como? Praticando uma Moral (disposições particulares a cada um e que constituem o seu carácter), que se ajuste à razão, um meio-termo entre o vício e a virtude: A virtude é o meio-termo e o vício é falta ou excesso.

A sua obra cobriu todos os ramos do conhecimento de então: filosofia, metafísica, lógica, ética, política, retórica, poesia, biologia, zoologia, medicina. Estabeleceu as bases de uma metodologia científica para os diversos ramos do saber.

Capítulo III
O HELENISMO

1 - CONCEITO

Por helenismo entende-se a implantação da cultura das cidades-estados gregas, em todo o Império Greco-persa criado por Alexandre o Grande e que englobava, a sua Macedónia natal, o Império Persa que conquistou a Dario III (e que abrangia o Egipto, a Fenícia, a Palestina, a Síria, a Mesopotâmia, a Ásia Menor, a Meda, a Pártia, a Bátria e uma parte dos reinos do Vale do Indo). Desmembrado após a morte de Alexandre deu lugar a Reinos Helénicos. São estes quem verdadeiramente vão implantar a cultura grega, e assimilar muitos elementos de outras culturas, embora conservando a sua matriz.

Com o Helenismo desaparecem as fronteiras culturais. Agora, todas essas diferentes culturas são misturadas num caldeirão, por assim dizer, de concepções religiosas, filosóficas e científicas, mas como o Helenismo foi tolerante para com os costumes e culturas locais, a influência é recíproca.

Os Reinos Helénicos irão, progressivamente, integrar-se no Império Romano, primeiro Pérgamo, na Ásia, que se autonomizara do reino Selêucida, em 200 a.C., como reino aliado (integrado por testamento de Átalo III em 133 a.C., quando de sua morte); depois a Macedónia em 168 a.C. com a derrota de Perseu, e como retaliação pela aliança com o cartaginês Aníbal; mas sobretudo com a vitória de Ácio sobre Cleópetra, em 31 a.C., que transformou o Egipto numa província Romana, tida aliás como privativa do Imperador, que a governava por intermédio de pessoa nomeada directamente por si e não pelo Senado. Alexandria continuará pujante, económica e culturalmente, e a ser a capital da Província do Egipto. O mesmo se passando com Pérgamo.

Todavia, numa parte do Reino Selêucida vai acabar por reconstituir-se o Império Persa, que retomará a herança cultural deste (224 d.C.), rivalizando com Roma.

Pode, no entanto, dizer-se que, apesar do poder estar agora em Roma, para onde começou, paulatinamente, o êxodo dos escritores e sábios que muito dependiam das elites governantes, a influência da cultura grega em geral, e das Escolas de Alexandria e Pérgamo, em particular, esteve presente durante todo o Império Romano, sobretudo antes da consagração do Catolicismo como religião oficial.

2 – O IMPÉRIO GRECO-PERSA

Cerca de 350 a.C., Filipe II, pai de Alexandre, acabara de ganhar a luta pela supremacia entre as cidades-estados gregas, com a constituição das Ligas Helénica e Tessália, passando a Macedónia a ser o centro do poder. Este formara um poderoso e bem treinado exército e consolidara as suas fronteiras com o vizinho Império Persa.

Seu filho, Alexandre, que herdara uma Grécia unida, acalentou desejos de expansão, que pôs em prática logo que firmado o seu poder como senhor absoluto dos Gregos.

Para tal tinha de atacar o Império Persa, alegando inicialmente a necessidade de vingar os gregos e libertar as cidades da Jónia em poder daquele. O que, dada a diferença no tamanho dos exércitos, parecia impensável. Mas o génio militar de Alexandre vai consegui-lo, ao derrotar Dario III. Morto este, em 330 a.C., Alexandre foi proclamado seu sucessor.

A partir daí, Alexandre iniciou um processo de orientalização, encarando-se mais como Persa do que como Macedónio: com o uso do selo de Dario, da tiara persa e do cerimonial teocrático da corte oriental.

Propôs-se fundir numa irmandade gregos e persas, que eram crescentemente em maior número na sua corte e exército. Incentivou o casamento dos gregos com mulheres persas, e ele próprio deu o exemplo contraindo matrimónio com Roxana, em 328 a.C., filha do sátrapa da Báctria (com quem teve um filho nascido depois da sua morte de nome Alexandre IV), e com uma filha de Dario III.

Manteve a estrutura administrativa do Império Persa e, muitas vezes, os mesmos governadores das Satrapias, embora o comando militar fosse macedónio, e teve o cuidado de respeitar a religião e os costumes dos vencidos.

Iniciou uma política de helenização, com a fundação de cidades, de que se destaca a Alexandria egípcia, que viria a tornar-se o maior centro cultural, científico e económico da Antiguidade, por mais de 300 anos.

Também no Egipto respeitou os antigos cultos e os deuses e até se apresentou no santuário do Oásis de Siwa, onde foi entronizado como Faraó, filho de Amon.

Em 327 a.C. dirigiu as suas tropas para o extremo oriental, a longínqua Índia, país mítico para os gregos, para lá das satrapias da Pártia e da Báctria. Atravessou o Hindu Kush e o Rio Hidrates, tendo vencido o Rei de Poro, e outros pequenos reinos do Punjab, pensando ir mais além. Mas a revolta das suas tropas macedónias levou-o a desistir e a regressar, não sem antes ter fundado colónias militares e cidades, entre as quais Niceia, e Bucéfalo (nome do seu cavalo), nas margens desse rio.

O seu Império estendia-se, então, por 3,8 milhões de Km^2, e ia do Mediterrâneo até ao Punjab na Índia: um mundo global, aberto ao comércio e ao intercâmbio social e cultural, com uma língua franca comum.

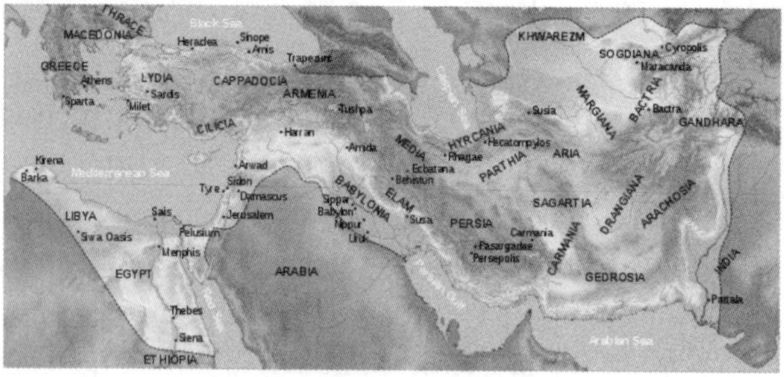

Mapa do Império Greco-persa

A sua morte prematura colocou o problema da sua sucessão e da manutenção da unidade do Império. O exército designa como herdeiros de Alexandre seu meio-irmão Filipe Arrideu, com problemas mentais (com o nome de Filipe III) e seu filho póstumo, de Roxana, com o nome de Alexandre IV. Mas nenhum podia, efectivamente, governar, dada a anomalia de um e a meninice de outro. Pelo que é nomeado um triunvirato, para uma regência conjunta, sediada na Babilónia: – **Pérdicas** fica com a função máxima (quiliarca = grão-vizir): administra o Império, com autoridade geral sobre o exército, e seus generais; – **Cratero** é nomeado regente financeiro, controlando as finanças; – **Antípater** é o estratego e encarregado dos negócios da Macedónia e da Grécia, para o que havia sido nomeado pelo próprio Alexandre.

E, depois de conturbadas negociações, distribui-se o governo das satrapias pelos principais generais de Alexandre. Formalmente as decisões deviam ser tomadas em conjunto e aplicadas às respectivas satrapias.

É um sistema que parece agradar a poucos, e que vai resultar em 22 anos de instabilidade e conflitos (323-301 a.C.):

- **Em 321 a.C.** morre Pérdicas (assassinado).
- **Em 319 a.C.** morre Antípater, agravando-se a confusão

pois este passa a tutela dos reis para um general, Polipercon, e não para seu filho Cassandro. Este, inconformado, alia-se a Lisímaco, Antígono, Ptolomeu e Euménio de Cárdia para retomar o poder na Macedónia. Mas Lisímaco e Antígono, pretendem-na para si mesmos, bem como a tutela dos reis.

- **Em 316 a.C.** Euménio de Cárdia, que governava parte da Ásia, é executado por seu próprio exército, e Antígono aproveita para se assenhorear dos seus territórios, tornando-se senhor de toda a região desde a Ásia Menor à Babilónia, ao destronar, também, Seleuco. Acalenta-o o sonho de reconstituir o Império de Alexandre.

Mas os outros generais, nas suas satrapias, pretendem repor a situação e intimam Antígono. A recusa origina um conflito armado contra o mesmo.

- **Em 312 a.C.** Ptolomeu vence o filho de Antígono, Demétrio Poliorceta, em Gaza, e Seleuco reconquista a sua satrapia babilónica, estendendo-a até os confins orientais da Pérsia, iniciando a "era selêucida".
- **Em 311 a.C.** é feito um acordo entre Antígono, Cassandro, Lisímaco e Ptolomeu: Cassandro (306-297 a.C.) é nomeado para a Macedónia e tutor de Alexandre IV; Lisímaco, sátrapa da Trácia; Ptolomeu, do Egipto; Antígono, senhor de "toda a Ásia" (uma parte da Ásia pertencia a Seleuco, que não participa desse acordo).
- **Em 310-308 a.C.** Cassandro manda assassinar a família de Alexandre: sua mãe Olímpia, seu meio irmão Arideu (Filipe III), o filho de Alexandre e sua mãe Roxana.

3 – OS REINOS HELÉNICOS

Em 306 a.C., eliminados todos herdeiros naturais de Alexandre, os diádocos, acabam de vez com a unidade do Império e proclamam-se reis nos territórios que governavam, fundando cinco reinos independentes e as respectivas dinastias:

1º – Reino da Macedónia e Grécia, governado pelo filho de Antipater, Cassandro (306-297 a.C.) que assim acabou por recuperar o reino de seu pai. Mas, pelo seu simbolismo, este reino foi constantemente disputado entre vários generais (Antígono e filho Demétrio, Policerta, Lisímaco), tendo estabilizado apenas quando a dinastia Antígona Gonata consolidou o poder em 276 a.C., governando até à derrota de Perseu pelos Romanos, e sua inclusão neste Império, em 168 a.C.

2º – O Reino da Trácia (parte europeia da Turquia e Bulgária actuais) e cidades-estados gregos da Ásia Menor, governado pelo General Lisímaco (c. 360-281 a.C.) que fundou a cidade de Lisimáquia.

Será anexada ao Império Romano em 43 a.C., acabando por ser o centro do poder Imperial com a transferência da capital de Roma para Constantinopla (Bizâncio; Istambul). Só cederá face ao avanço do Islão, com os otomanos a fixarem aí a sede do seu Império (1365-1453).

A Trácia incluía a importante cidade de **Pérgamo,** para a qual Lisímaco nomeou o general Filetero (343-263 a.C.) como governador em 301 a.C. Este não tardou a mudar a sua lealdade para Seleuco, que derrotou Lisímaco e o matou em 281 a.C., o que veio permitir a independência **do Reino de Pérgamo,** com o seu sobrinho Eumenes (263-241 a.C.), a derrotar o filho de Seleuco, Antíoco I, que reconheceu a Independência. Seu sucessor Átalo (241-197 a.C.) consolidou-a, aumentou os limites do território e fundou a dinastia Atálida, e se aliou a Roma em 200 a.C., onde se integrou por testamento de Átalo III.

3º – Reino da Ásia Menor (Anatólia – parte asiática da Turquia), governado por **Antígono** Monoftalmo (306-301 a.C.) e o filho Demétrio Poliorceta (306-286 a.C.) que fundam a dinastia Antígona, a qual desaparecerá com a sua derrota e incorporação do território no Império Selêucida. Que, aliás, nunca teve grande controlo sobre este reino, que se foi desmembrando conforme a dominância étnica e ataques dos Celtas Gálatas, constituindo-se em várias cidades-estados: Lícia, Cária, Bitínia, Ponto e Psídia. Além de uma parte engrossar o Reino de Pérgamo. É aliás esta instabilidade que leva à intervenção dos Romanos, a pedido do Rei de Pérgamo, que acabam por integrar a região no Império, em 129 a.C.

4º – **Império Selêucida**, na Mesopotâmia, Síria, até à Índia, que era o maior e mais poderoso Império, com 35 milhões de habitantes. Governado pelo General **Seleuco Nicator** que inicia a dinastia Selêucida. Primeiro com a capital na Babilónia, mas que transferiu para Antioquia, no rio Orontes, cidade que mandou construir, segundo o modelo grego em 300 a.C. Durante cerca de um século, a questão da posse da Palestina (Sul da Síria), incluindo a Judeia, ocasionou um clima de constante conflito entre as dinastias Ptolemaica e a Selêucida. Dos seus conflitos internos resultará o seu desmembramento e a criação de alguns pequenos reinos: na Báctria surgirá o reino Greco-Bactriano; mais tarde (247 a.C.) no que é o Irão Central, nascerá a Pártia, governada pela dinastia Arsácida, que se transformará num grande Império dominando o Irão antigo, Mesopotâmia e Arménia, conquistados aos Selêucidas e que durará até 224 d.C. Embora reclamando-se descendentes de Dario o Grande, adoptaram a cultura grega, afirmando-se filo-helenos. Por sua vez esta dinastia será derrotada e surgirá o Império Sassânida (224 d.C.-651 d.C.) que passou a reivindicar-se da herança Persa, retomando a religião oficial deste, o Zoroastrismo, embora fosse tolerante com todas as religiões. Rivalizará com o Império Romano, e manterá laços com a Índia e China, mais a oriente, onde aliás se refugiarão, até hoje, os seguidores do Zoroastrismo (Parsis). Acabará com a conquista islâmica e seu monoteísmo, o qual, todavia, influenciará culturalmente.

5º – O Reino do Egipto, o sul da Síria, Fenícia e Palestina, governado pelo General Ptolomeu (367-283 a.C.), meio irmão de Alexandre, que fundou a Dinastia dos Lágidas ou Ptolomaica que se manteve no poder até ser derrotada em 31 a.C. pelos Romanos, passando, então, a integrar o Império Romano.

A criação dos Reinos Helénicos não representa o fim dos conflitos, que verdadeiramente só terminam com a vitória sobre Antígono, em Ipsos (Frígia), em **301 a.C.**, onde este morre, assim como qualquer possibilidade de unidade do Império consumando-se a sua divisão.

Mas a história regista que todos governaram segundo um modelo helenista: criaram cidades, incentivaram as artes e as ciências, implantaram os Jogos. Ou seja, apesar da divisão e das contendas, praticamente todo o território que fora o Império Greco-persa, continuou sob influência grega, o que vai permitir manter a sua cultura, excepto na parte indiana, onde não teve tempo de se implantar. Tendo alcançado a sua mais alta expressão no que se conhece sob o nome de helenismo, fenómeno cultural, político e religioso que se prolongou até aos tempos do Império Romano que encontrará nas suas fronteiras a cultura grega como cultura dominante.

Roma irá, paulatinamente, absorver estes reinos:

- em 146 a.C., a Macedónia torna-se uma província Romana depois da derrota de Filipe V, que estivera aliado a Aníbal o Cartaginês;
- o reino de Pérgamo foi integrado em Roma, segundo a vontade testamentária de Átalo III em 133 a.C.;
- Pompeu Magno, em 64 a.C. anexará uma parte do Império Selêucida;
- Em 31 a.C., Octávio (Augusto) derrotará Cleópatra e Marco António na Batalha de Áccio e integrará o Egipto no Império.

4 - VEÍCULOS DO HELENISMO

A - As Cidades

O helenismo é um fenómeno tipicamente urbano. A vivência em cidade era considerada como um estágio avançado de civilização, onde a sua cultura se podia expressar. Onde se construíam espaços públicos, librarias, templos, teatros, e outros equipamentos de que os cidadãos usufruíam.

Tinham também uma função económica e abrangiam áreas contíguas, mais ou menos extensas, que exploravam em seu benefício. Estas permitiam desenvolver a educação e as artes, ao criar o que, hoje, chamamos «massa crítica» capaz de suportar essas actividades.

Não admira, pois, a organização em cidades-estados. Embora a economia assentasse no campo e na agricultura. Mas para isso, existiam os escravos. Porque quando falamos da democracia grega estamos apenas a falar de direitos entre iguais, entre cidadãos. Havia legiões de escravos que sustentavam essas sociedades, embora a história tenha poucos registos desse fenómeno e da sua contribuição para a economia da época.

Quando das queixas feitas a Alexandre Magno durante a campanha da Pérsia, pelas tropas macedónias, este fez-lhes um discurso sobre o que ele e seu pai tinham feito em seu benefício, e um deles era o tê-los "tirado do campo para a cidade".

Daí que a sua construção fosse uma atitude constante na cultura grega e no helenismo. Tal fica muito claro com a acção de Alexandre e seus sucessores por todo o Império Greco-persa (Plutarco afirma que só cidades chamadas "Alexandria havia mais de 70, mas de todas a mais famosa e que mais brilhou foi a do Egipto").

B - A Língua do Helenismo

Outro veículo fundamental de difusão do modo de vida

grego no Oriente é a língua grega, conhecida neste período sob a forma de koiné que significa "comum", que substitui, após as conquistas de Alexandre Magno, os vários dialectos gregos. Esta língua, mais simples do que o grego clássico e mais flexível na absorção de elementos novos, torna-se instrumento indispensável para a comunicação dos povos, tão diferenciados, que constituíam o mundo helenista.

Os meios de circulação da koiné são os jogos, as artes (poetas, músicos, actores), o comércio, a ciência, a filosofia, o exército, a administração (sabe-se que os gregos em geral não falavam a língua dos territórios onde dominavam e governavam) e o eterno sentimento de inclusão no mundo dos vencedores: qualquer um que almejasse respeitabilidade social ou apenas a reputação de ser um homem educado, deveria saber koiné. Este torna-se, de facto, uma língua franca, que se estende por todos os Reinos Helénicos.

C – Os Jogos

Os jogos eram um meio de difusão dos valores e dos padrões culturais e comportamentais gregos. Tratava-se de competições onde se demonstravam as qualidades físicas e intelectuais.

Os gregos contavam com um grande número destes jogos, organizados pela grande maioria das cidades, que os incluíam no calendário das suas festividades e celebrações dos seus deuses. Misturavam provas físicas, em que se media a preparação dos concorrentes, e concursos artísticos, que avaliavam os seus talentos na dança, no teatro e na música.

Eram festas cívicas e ao mesmo tempo religiosas. Vencer era obter glória para si, para a sua cidade e seus concidadãos, e uma forma de homenagear o deus celebrado.

Aquando da sua realização era decretada uma trégua sagrada, por três meses, que permitia a livre circulação dos visitantes e concorrentes (músicos, actores, poetas, políticos e atletas) de todas as partes do mundo helénico. Estes festivais celebravam a unidade da raça grega (só podiam participar homens de raça grega em pleno gozo de seus direitos de cidadão), incentivavam a prática do atletismo como uma postura social civilizada e estimulavam as artes, especialmente a poesia, a música, a escultura e a pintura.

Os Jogos realizaram-se até 393 d.C., quando o imperador romano Teodósio (Flavius Theodosius – 347-395 d.C.), tendo adoptado o Catolicismo como religião oficial, proibiu todos os cultos pagãos e suas manifestações.

Havia muitos destes festivais a nível local, mas os maiores e mais conhecidos a nível pan-helénico eram:

1 – **Jogos Olímpicos**, celebrados no santuário de Zeus em Olímpia, de quatro em quatro anos. Foram celebrados regularmente a partir de 776 a.C., data do primeiro registo dos vencedores. A partir dessa data, os gregos adoptaram os Jogos Olímpicos como referência cronológica, chamando "olimpíada" o período de quatro anos entre um festival e outro. A era das Olimpíadas durou aproximadamente 12 séculos.

2 – **Jogos Píticos**, celebrados no santuário de Apolo em Delfos, no terceiro ano depois de cada jogo Olímpico, em Agosto ou Setembro. Celebrava a vitória de Apolo sobre a serpente Piton. (Dizia a lenda que os jogos haviam sido instituídos pelo próprio deus Apolo, para comemorar sua vitória sobre Piton, uma serpente-monstro filha da Mãe Terra e habitante de uma antiquíssima gruta oracular).

Nesses jogos havia competições desportivas, competições artísticas (a execução do hino a Apolo, com acompanhamento de cítara); concursos de flauta e de cítara, de poesia e de teatro. Os concursos desportivos compreendiam as provas de corrida a pé, o pancrácio e a corrida de carro.

3 – **Jogos Ístmicos**, realizados no santuário de Posseidon em Corinto. Estavam associados aos jogos fúnebres instituídos por Sísifo, em honra do menino Melicertes, filho do rei Atamas. Sua

mãe, Ino, vítima de um ataque de loucura, suicida-se, lançando-se ao mar com o filho ao colo. O corpo do menino teria sido conduzido por um golfinho até à praia de Corinto, onde foi recolhido por Sísifo, que realizou o seu funeral.

Aconteciam a cada dois anos, no 2º e 4º ano das Olimpíadas, a meio da primavera (entre Abril e Maio).

Foram organizados por Corinto até o século II a.C., quando a cidade foi destruída pelos romanos. Até a cidade ser reconstruída por César, a organização ficou a cargo da cidade de Sícion.

As competições compreendiam, além das provas atléticas habituais (pentatlo, pancrácio, corridas), concursos dramáticos e musicais.

4 – Jogos Nemeus, realizados desde 573 a.C., na cidade de Neméia, no norte do Peloponeso, de dois em dois anos, dois meses após o festival Ístmico. Nessa cidade situava-se o Templo de Zeus que tinha um estádio, um hipódromo e um teatro.

A tradição associa os Jogos Nemeus aos jogos fúnebres que Adrasto teria instituído em honra do menino Ofeltes. Adrasto, rei de Argos, estava em campanha militar quando passou com seu exército pelo Vale de Nemeia, em busca de uma fonte de água. Ali, pede informação a uma mulher, que segurava no colo o menino Ofeltes, filho do rei local. Para melhor indicar aos estrangeiros onde se localizava a fonte, a mulher põe a criança no chão, e esta é picada por uma cobra, morrendo de imediato.

Estes jogos ganharam maior notoriedade quando Héracles os consagrou a Zeus.

A presença de mulheres era proibida, tanto nas provas como na plateia. A única excepção feita era à sacerdotisa de Deméter, que assistia a todos os espectáculos, acomodada em seu altar de mármore. Contudo, em Olímpia, celebravam-se, só para as mulheres, os Heraia ou Jogos Heranos, em honra da deusa Hera, esposa de Zeus. Os jogos consistiam em provas de corrida a pé, disputadas por mulheres, e terminavam com sacrifícios, procissão e festas.

5 - CENTROS DO HELENISMO

Foram particularmente importantes como centros da cultura helenística:

A - Alexandria

O grande centro da cultura helenista foi Alexandria, no Delta do Egipto. Iniciada a sua construção por Ptolomeu I – Soter (séc. III a.C.) comportava um Museu, complexo científico de que sobressaía a Biblioteca que ficou famosa como uma das maiores do mundo antigo. Apadrinhada pela Dinastia Ptolomaica, sobretudo por Ptolomeu II – Filadelfos, que levou a cabo uma política de a prover de Livros de todos os povos, para o que escreveu a "todos os governantes da terra" pedindo-lhes livros de toda a espécie, de "poetas, escritores, retóricos e sofistas, médicos e curandeiros, historiadores e todos os demais". Além disso ordenou que de todos os livros encontrados em barcos que atracassem em Alexandria, se fizesse cópia para o seu possuidor, guardando-se o original na Biblioteca. Assim conseguiu uma enorme colecção de manuscritos, e milhares de rolos de papiro. Não só em grego, mas também noutras línguas, de que mandava fazer traduções: egípcios, hebraicos, Persas, Romanos, Babilónicos.

Dispunha, também, de equipamento científico: observatórios astronómicos, jardins botânicos e zoológicos, salas de anatomia etc.

Vieram estudiosos de todo o mundo conhecido, filósofos e cientistas, para leccionar, escrever, investigar. Com o tempo, o próprio recheio da Biblioteca e seu prestígio foi um polo de atracção de muitos outros estudiosos: muitos egípcios, súbditos Ptolomaicos, afluíram à nova capital, mas também judeus, babilónicos, gregos etc. Alexandria passou a ser o centro da cultura grega e mundial, local de todos os encontros e intercâmbios, onde se misturaram e interagiram saberes e credos, originando uma nova cultura, o Helenismo.

Aí, entre o terceiro e o primeiro século a.C., setenta e dois eruditos judeus, traduziram as Escrituras Hebraicas para o grego, produzindo assim a famosa Septuaginta, a Bíblia Judaica, cuja influência é por demais conhecida.

Aí, Maneto de Sebenitos, egípcio, sacerdote de Heliópolis, cerca de 250 a.C., escreveu, em Koiné, uma história ("Aegyptica") dos Faraós do Egipto, desde Menes (3150 a.C.) até Alexandre o Grande, bem como uma história pré-dinástica, mítica, que constituíram a referência mais conhecida da história do Egipto. Infelizmente a maioria dos livros de Maneto perderam-se e só chegaram até nós referências de autores posteriores, como os de Flávio Josefo (37-100 d.C.) e escritores cristãos como Júlio Africano d.C. 300, Eusébio em 340 d.C. e Sincelo em 800 d.C.

As suas Escolas tornaram-se célebres, sobretudo pelo estudo das ciências físicas e médicas, continuando a filosofia a ser de matriz grega. Só mais tarde surgirá a corrente neoplatónica.

a) Escola de Medicina de Alexandria

Fundada por **Herófilo** (335-280 a.C.) e **Erasístrato de Chio** (310-250 a.C.), médicos e anatomistas: o primeiro concluiu que a inteligência e as emoções faziam parte do cérebro e não do coração. Fez estudos no campo da frenologia, tendo feito a distinção entre cérebro e cerebelo. Descreveu também o duodeno, o pâncreas e a próstata e descobriu o ritmo do pulso, apresentando a lei matemática para a sístole e a diástole; o segundo, o pai da fisiologia, salientou-se pelo estudo dos vasos sanguíneos e da circulação do sangue. Descreveu também os pulmões.

Onde se praticava a dissecação de humanos (até aí só se dissecavam animais) o que permitiu descobrir alguns mistérios do corpo humano e seu funcionamento. Recusavam-se os dogmas e o método era o da observação directa.

Estudos que seriam continuados por Cláudio Galeno em Pérgamo, e que irão constituir o conhecimento médico mais avançado, por mais de mil anos.

b) Escola de Matemática e Astrologia

Talvez a mais famosa, dado o relevo do estudo da astrologia na antiguidade, pelo papel central dos astros nas crenças. Os planetas eram os aspectos visíveis e os símbolos dos deuses, que com o seu sopro os aninavam e davam movimento (o judaísmo inicial dará esse encargo de reger os astros aos anjos). Cada um representaria um deus, sendo um mistério o relacionamento entre eles. Mas indubitável a sua influência sobre os humanos.

Era um imperativo do homem culto conhecer astrologia, pois isso significava conhecer os deuses.

Foram feitos grandes avanços nestas áreas:

Euclides de Alexandria (360-295 a.C.), matemático, criador da famosa geometria euclidiana. A sua obra "Os Elementos" servirá como o principal livro para o ensino de matemática (especialmente geometria) até ao fim do século XIX.

Aristarco de Samos (310-230 a.C.), astrónomo, o primeiro, segundo Arquimedes a defender a teoria heliocêntrica, a qual só viria a ser reconhecida mais de mil anos depois, com **Nicolau Copérnico** (1473-1543), que a desenvolveu.

Arquimedes de Siracusa (287-212 a.C.), cujas descobertas, sobretudo no campo da geometria e matemática, como o método para calcular o número π (razão entre o comprimento de uma circunferência e seu diâmetro) influenciaram grandes inventores incluindo Galileu Galilei e Isaac Newton, cerca de mil e quinhentos anos depois.

Eratóstenes de Cirene (275-194 a.C.), matemático, descreveu a Via Láctea e organizou a geografia como ciência.

Calculou a circunferência da Terra com razoável exactidão e inventou o Crivo **de Eratóstenes,** um método para se encontrarem os números primos.

Hiparco de Niceia (190-126 a.C.), astrónomo e matemático, fundador da astronomia científica, também chamado o pai da trigonometria por ter sido o pioneiro a elaborar uma tabela trigonométrica, da divisão do círculo em 360 partes iguais e a divisão do grau em sessenta minutos de sessenta segundos. Responsável pela atribuição ao ano solar da duração de 365 dias, 5 horas, 55 minutos e 12 segundos, um cálculo errado apenas por 6 minutos e 26 segundos.

Claudio Ptolomeu (90-168 d.C.), matemático, astrólogo, astrónomo e geógrafo. Escreveu o "Almagesto" um tratado de astronomia, que será a obra de referência por toda a antiguidade até Copérnico (1473-1543), que contradiz a sua teoria geocêntrica. Famosa, também, a sua obra de astrologia, "Tetrabiblos", baseada em escritos e documentos mais antigos: babilónicos, egípcios e gregos. Os seus ensinamentos, sobre o cosmos, irão perdurar por cerca de 1.500 anos, adoptados como ortodoxia pelo catolicismo.

Hipátia de Alexandria (355-415 d.C.), astrónoma, matemática e filósofa neoplatónica, directora da Biblioteca de Alexandria, sucedendo a seu pai Theon. Por ser pagã, foi assassinada durante um motim de cristãos. O episódio constitui o enredo do filme "ÁGORA" do realizador chileno Alejandro Amenába.

B – Pérgamo

Cidade inicialmente integrada no reino da Trácia e que viria a tornar-se independente em 282 a.C., após a morte de Lisímaco (Reino de Pérgamo). Governado pela dinastia dos Atálidas. Tornou-se um importante centro do helenismo de que se notabilizaram:

Uma Biblioteca, fundada por Atalo I Soter e seu filho Eumenes II, seguindo o modelo de Alexandria, que a certa altura deixou de lhe fornecer papiros, o que levou à criação do pergaminho como suporte da escrita. Diz Plutarco, nas suas "Vidas Paralelas", que, depois de um incêndio em Alexandria, Marco António mandou transferir para lá o espólio bibliográfico de Pérgamo.

Um Templo-Escola, dedicado a Esculápio, patrono da medicina, onde afluíam enfermos de todas as partes, e onde se ensinava e investigava sobre essa ciência. A personalidade mais importante dessa Escola foi **Cláudio Galeno** (131-200 d.C.), médico e filósofo. Influenciado por **Hipócrates** (460-377 a.C.), envereda claramente pelo método científico para o qual já este apontara. Desenvolve a teoria dos quatro humores corporais (sangue, fleugma ou pituíta, bílis amarela e bílis negra) num sistema cardiorrespiratório ensinado e praticado até ao século XVII, quando prevaleceram as conclusões do inglês William Harvey (1578-1657), o primeiro a descrever o seu correcto funcionamento. Ambos marcaram a medicina, ainda hoje sendo respeitada a ética de Hipócrates (Juramento de Hipócrates), só actualizado em 1948 pela Declaração de Genebra.

C – ANTIOQUIA

Antioquia, cidade construída na margem esquerda do rio Orontes em 300 a.C. por Seleuco I, Nicator, para substituir Babilónia como capital. Uma das suas primeiras medidas foi ordenar aos judeus que se deslocassem para a nova cidade, garantindo-lhes plenos direitos de cidadania (a 480 Km de Jerusalém). Cidade que rivalizou em prestígio e poder com Alexandria durante o Helenismo e mesmo durante o Império Romano. Capital da Síria selêucida até ao ano 86 d.C., hoje na Turquia.

Grande centro helenístico, devido à sua grande colónia de judeus, viria a proporcionar uma porta para a nova seita judaica de Jesus, onde se viria a desenvolver e onde aparece pela primeira vez o termo cristão, dada a prevalência do Koiné como língua dos letrados. O Concílio de Nicéia proclamou-a sede do patriarcado do Oriente, o terceiro, depois dos de Roma e de Alexandria.

6 – FILOSOFIA DO HELENISMO

O Helenismo, em termos de filosofia, acolhe os ensinamentos de Pitágoras, Platão e Aristóteles, e as diversas escolas daí decorrentes, não sentindo necessidade de aprofundar novas teorizações, concentrando-se sobretudo em fazer a reconciliação doutrinária, num sincretismo, esse sim, tipicamente helénico. Mas os filósofos vão divergindo sobre as respostas a dar e tal vai manifestar-se em diversas escolas de pensamento.

a) Epicurismo

Fundada por Epicuro de Samos (341-270 a.C.) em Atenas, partindo dos ensinamentos de Aristipo (discípulo de Sócrates). Assentava numa reformulação das doutrinas de Demócrito (atomista), afirmando um pluralismo mecânico e ateu, e uma física materialista, resultado de uma gnoseologia sensista. Assim a sensação é um guia seguro para a própria vida do homem. Nada havendo além do sensível, a felicidade, fim último do homem, consiste no prazer, no sentido de ausência de dor (edonismo). O seu objectivo era desenvolver uma filosofia de vida capaz de afastar toda e qualquer forma de dor e sofrimento. O meio de o conseguir é a virtude, a moderação, limitando o desejo e a paixão. Praticando os velhos ideais gregos do autocontrole, da temperança e da serenidade.

Epicuro resumia sua filosofia naquilo que ele chamava de quatro remédios: Não precisamos temer os deuses; Não precisamos de nos preocupar com a morte; É fácil alcançar o bem; É fácil suportar o que nos amedronta.

Para defender o seu próprio bem-estar, o ideal é retirar-se

do mundo, fugir das responsabilidades e das obrigações. "Vive em reclusão!", "Vive o momento!", eram os conselhos de Epicuro.

Um conhecido e proclamado epicurista foi Thomas Jefferson, para quem a felicidade era o objectivo central da vida, e o bem supremo era não ter dor física nem uma mente atormentada. A tranquilidade do espírito consegue-se evitando o desejo e o medo, as duas principais doenças daquele. Os deuses pertenceriam a uma ordem superior ao homem, felizes nesse plano, não interferindo nas preocupações dos seres da esfera inferiores. (The Writings of Thomas Jefferson)

b) Estoicismo

Fundada no século III a.C. por Zenão de Cítio, contemporânea do Epicurismo, os filósofos do Pórtico não acolhem o pluralismo mecânico ateu, defendendo um monismo dinâmico, a existência de uma substância única activa. O universo seria uma substância única, corpórea, individualizando-se, por imanência, em inúmeras coisas (panteísmo imanentista). A lei imanente dessa individualização é o fogo, alma do mundo. É ele que constitui os princípios vitais, as almas dos diversos seres. Mas não se trata de uma verdadeira individualidade, por não estarem separados do todo.

Tudo se desenrola norteado por esse princípio activo, num rigoroso determinismo. Que resta então ao homem? Viver segundo a lei da natureza, conforme à razão, reconhecendo o determinismo (lei fatal de tudo) e adaptar-se a essa lei: cada um é uma parcela do todo, uma centelha do universo. Como o que acontece não pode deixar de acontecer, então para quê preocupar-se em modificá-lo? A apatia é a atitude certa; a impassibilidade é a atitude do homem virtuoso.

Portanto, "abstém-te e aguenta" é o lema. Abstém-te de tudo, pois nada está em tuas mãos: aguenta o que te suceder, alegre ou triste, bom ou mau, pois tudo faz parte da lei da vida e tudo é necessário. Reconhece como único bem a virtude e o dever, o resto é indiferente.

Foram estoicos algumas personalidades importantes da antiguidade:

- *Diógenes de Babilónia* introduziu a escola em Roma em 155 a.C.
- *Cícero* (106-43 a.C.) que adoptou um cepticismo eclético.
- *Séneca* (4 a.C.-65 d.C.)
- *Marco Aurélio* (121-180 d.C.), imperador romano desde 161.

c) Ceptismo

Iniciada por Pirro de Élis (360-275 a.C.), afirma que as limitações do espírito humano não permitem conhecer nada seguramente: tudo é relativo e subjectivo. Sendo assim, o melhor é abster-se de especulações. O conhecimento é a minha impressão subjectiva que é impossível ultrapassar.

E não se podendo obter nenhuma certeza a respeito da verdade, a única atitude possível é a dúvida permanente e a admissão da incapacidade de compreensão de fenômenos metafísicos, religiosos ou mesmo da realidade. Devendo recusar-se toda a afirmação dogmática de modo a atingir o total despojamento, o perfeito equilíbrio da alma, que nada pode perturbar (cepticismo filosófico).

Não confundir com o Cepticismo científico – uma postura científica e prática, em que alguém questiona a veracidade de uma alegação, e procura-se prová-la, ou desaprová-la, usando o método científico.

d) Cinismo

Fundada por Antístenes (c 445-365 a.C.), aluno de Sócrates, mais conhecida pela doutrina e atitudes de Diógenes de Sínope, (404-323 a.C.), propunha o desapego aos bens materiais. Diógenes levou ao extremo os preceitos cínicos de seu mestre Antístenes, vivendo num barril como mendigo, apregoando a pobreza como uma virtude, e percorrendo as ruas com uma lamparina, procurando um homem honesto.

7 – O NEOPLATONISMO

Em estreito contacto com o cristianismo, a partir do Século III d.C., surgirá o neoplatonismo. Acrescentando ao platonismo uma atitude mística, e a noção de êxtase, ambos de raiz oriental.

O neoplatonismo tenta, no início, ultrapassar o dualismo platónico, centrando-se no Uno, o Bem supremo, Absoluto, uma espécie de "anima mundi" de que tudo seriam emanações: do Uno, enquanto ser supremo, emana a Inteligência, ou Mente, que contém as ideias; da Inteligência procede a Alma do mundo, princípio do movimento e da matéria. Desta provêm as formas singulares, das quais a última é a matéria, vazia, sem perfeição, princípio do mal.

O sentido da vida é a procura da perfeição, libertando-se da matéria. Tudo vem do Bem e tende para o Bem. Para que a Alma se eleve, é preciso que se liberte do corpo, sua prisão material. Mas a verdadeira perfeição só se atinge pelo êxtase, estado inefável em que a alma perde a sua própria personalidade e se identifica com o Uno, o Bem supremo, deus. O fim último é a identidade plena e absoluta entre a alma individual e deus, pela absorção desta no Absoluto, assim retornando ao Uno, à unidade. (conclusão: o universo é consubstancial a deus, logo tudo é deus = panteísmo)

O problema central do neoplatonismo tende a ser o problema religioso: relações de deus com o mundo e do homem com deus. Do qual tudo emana e para o qual tudo regressa.

Os seus intrumentos nas religiões antigas, e no politeísmo actual (hinduísmo e budismo) seria o ritual e a magia. No monoteísmo seria o misticismo contemplativo. Ambos podendo manifestar-se em milagres, em taumaturgias, embora por caminhos diferentes. Enquanto no politeísmo estamos perante uma Teurgia (obra de deus), no monoteísmo estamos perante a Teologia (sobre os deuses).

Quanto à alma vai-se assistir a uma evolução marcada pelo cristianismo. Embora os primeiros padres da Igreja admitam a preexistência da alma, não inovando em relação a Platão (afirmaram-no Orígenes e Nemésio de Emesa), em breve passou a ser explicada pela sua criação divina a partir do nada. O panteísmo emanentista vai ser ultrapassado pelo conceito cristão de criação.

O Neoplatonismo irá difundir-se em várias Escolas, influenciando as doutrinas cristãs nos primeiros séculos (patrística): Clemente de Alexandria (150-116); Orígenes (185-223); Tertuliano (160-223).

O centro desta corrente filosófica é, ainda, o mundo helénico, mas tende a deslocar-se para o novo centro político, Roma, capital do Império que agora domina grande parte desses Reinos. Floresce sobretudo nos seus principais centros. E procura, ainda, o sincretismo do politeísmo greco-romano com os novos movimentos e ideias religiosas, sobretudo as do monoteísmo judaico e cristão.

A – Escola Alexandrino-romana

Esta Escola, fruto do Helenismo, gera-se já no mundo Romano, sendo seu fundador Amónio Sacas (175-242 d.C.), do qual nada se sabe directamente por nada ter escrito. Conhecemo-lo pelo seu discípulo Plotino e por Porfírio e Proclo Licio Diadoco.

Vai renovar o platonismo, e ultrapassar o dualismo racional Platónico: (homem é um ser dual, composto de corpo, realidade sensível, e inteligência, alma imortal, mundo intelegível), com o conceito do Uno e suas emanações, conforme atrás explicado. Acrescenta-lhe o misticismo, num sincretismo com o estoicismo, o pitagorismo e influências orientais, que lhe fornecem um novo conteúdo. O mundo sensível é a matéria, que vai ser encarada como o mal; o mundo inteligível vai ser elevado ao supra-intelegível; o misticismo oriental vai fornecer uma moral ascética num esforço metafísico que irá levar ao Absoluto, ao Deus uno, criador de todo o universo. Do qual procede (emana era a ideia inicial) toda a restante realidade: o inteligível, o sensível e material.

Plotino (205-270 d.C.), discípulo de Amónio por onze anos, vai levar este movimento para Roma onde atrairá muitos adeptos. Desenvolve a teoria do Uno, que se atinge pela dialética e o êxtase místico, com o qual se entra em contacto com deus, que é a luz divina. O homem é apenas uma centelha dessa luz, devendo pois identificar-se com ela. O que pode fazer pela teurgia e que se alcança pela contemplação. Só assim poderá unir-se ao sagrado e conhecer a realidade.

Porfírio (232-304 d.C.) discípulo de Plotino, sistematiza as ideias gerais deste, organiza a sua obra (As Enéadas), e escreve a "Vida de Pitágoras", e a "Vida de Plotino". A sua visão politeísta levou-o à polémica com os cristãos, que considerava uma seita "confusa e viciosa". Estes contra-atacaram e muitas foram as obras em que as suas teorias e da sua Escola foram contraditadas: Eusébio de Cesareia, Apolinário de Laodiceia, Metódio de Olimpo, Macário de Magnésia, entre outros. Mas a sua sistematização dos conceitos na sua obra "Introductio in Praedicamenta" transformou-se na obra de referência das Escolas e universidades durante toda a Idade Média (do século V ao século XV).

B – Escola Siríaca (de Apamea)

Fundada por Jâmblico de Calcis (245-325 d.C.), que tinha sido, inicialmente, discípulo de Porfírio, que por sua vez fora aluno de Plotino. Acentua a vertente mística, recolhendo rituais e práticas mágicas de outras religiões, sobretudo da Egípcia. É autor de "Teurgia ou Mistérios Egípcios", acessível para leitura em: www.esotericarchives.com:

Adopta práticas mágicas, vistas como um conhecimento da lei natural, e pela qual o mago conseguia ascender do estado material a um conhecimento do sobrenatural e com isso operar milagres e grandes feitos. Esta tenta uma justificação do politeísmo face ao avanço do cristianismo.

C – Escola de Pérgamo

Fundada por Edésio de Capadócia (morreu c. 355 d.C.) depois da morte de seu mestre Jâmblico (245-325 d.C.). Virada como aquela para a vertente mais mística do neoplatonismo, a teurgia (magia com a qual era possível conseguir a intervenção dos deuses e dos bons espíritos). Foram seus alunos, Maximus (morreu 372 d.C.), Crisantio de Sardes, taumaturgos (fazedores de milagres). O Imperador Juliano, o Apóstata, **Flavius Claudius Iulianus** (331-363 d.C.) apreciava esta escola e pretendeu aprender com os seus membros, primeiro com Edésio, e depois com o aluno deste, Máximo de Éfeso.

Edésio não deixou escritos, pelo que conhecemos o seu pensamento através de Eunápio de Sardes (n. 347) na sua "Vidas de filósofos e sofistas", que se pode ler em: www.ccel.org

D – Escola de Atenas

Fundada a partir de 400 d.C., por Plutarco de Atenas, e a que pertenceu **Proclo** (Proclo Licio Diadoco, 410-487 d.C.), considerado um dos últimos grandes filósofos clássicos. A Escola foi fechada em 529 por um edicto do Imperador Justiniano, na sequência do unanimismo cristão. O seu fecho marca, de certa forma, o fim da filosofia pagã.

E – Escola Neoplatónica do Ocidente Latino no séc. IV (Patrística)

O Neoplatonismo foi também seguido pelos primeiros intelectuais da Igreja Católica para dar um suporte filosófico à fé.

Tratou-se de identificar o mundo das Ideias de Platão como sendo o mundo das ideias divinas, e o Uno com Deus. A componente mística remetia aqui para o misticismo contemplativo, para a união espiritual com Deus. Foram neoplatónicos Santo Agostinho (Agostinho de Hipona, 354-430) e Boécio (470-525), entre outros.

Capítulo IV
ESCOLAS DE MISTÉRIOS

1 - NOÇÃO

Mistério deriva do grego e significa "iniciar", "sagrar", "instruir", "fechar a boca ou os olhos", "guardar silêncio". Ou, como propõe Clemente de Alexandia, Stromata, L° V, Cap. II, podemos olhar o mistério como "mytheria" (mitos).

Com a designação de Mistérios Antigos, referimo-nos aos cultos que consideram útil ou necessário manter reserva sobre os seus ensinamentos, que transmite aos seus membros através de rituais e de simbolismo. Estes passam por ritos de iniciação e prometem guardar o segredo. Não significa que uma parte desses conhecimentos não estivesse aberta à generalidade das pessoas, mas havia uma espécie de círculo nuclear, reservado aos iniciados, protegido pelo segredo, e pelo silêncio, observado por juramento e sob cominação de sanções, maiores ou menores conforme os tempos e os mistérios, nalguns casos podendo levar à morte por traição.

Não se tratava de todo e qualquer conhecimento, pois havia, embora apanágio de nobres e sacerdotes, acesso ao ensino. Eram, sobretudo, conhecimentos relacionados com o sagrado, com as formas de relacionamento com os deuses e como interpretar a vontade destes, pelos oráculos e magia, estudo da ciência divina, a astrologia, com a vida para além da morte e o caminho para a salvação.

Reservadas apenas a alguns, havia no entanto muitas e

variadas Escolas de Mistérios, cada qual com os seus deuses e suas propostas, conforme imformações de Pausânias em "Descrição da Grécia, I, II".

Mesmo para os iniciados havia reserva dos conhecimentos de acordo com o grau a que ascendiam, havendo-os em todos os mistérios, organizados de forma piramidal: o grau superior comportava o conhecimento do inferior, mas a inversa não era verdadeira. E ascendia-se de grau sempre de forma iniciática.

Obviamente que havia ritos de passagem, embora pouco se conheça sobre os mesmos, como é lógico, dado estarem cobertos pelo mesmo juramento de segredo.

Na maioria dos Mistérios Antigos só eram admitidos homens (Egípcios, Essénicos e Mitraicos). Todavia alguns eram-lhes abertos (Eleusis, Druidas) ou até exclusivos (Mistérios Cibele, ou as Vestais de Roma).

Porque aparecem os Mistérios?

O conhecimento estava apenas acessível aos poderosos, às classes dominantes, nobreza e clero. E havia entre as classes uma espécie de divisão de tarefas sociais, para uns a administração e a guerra, para outros a gestão do sagrado. Por outro lado, saber era poder, e cada classe era ciosa do que detinha. A melhor forma de guardar esse conhecimento/poder, era não o difundir. Mas para que uma classe pudesse perpectuar-se tinha de ter continuidade, como no impulso da preservação da espécie. Tendo de encontrar uma forma de transmissão desses conhecimentos, ao mesmo tempo que garantia que continuavam reservados. Para isso surgem as Escolas de Mistérios.

O acesso aos Mistérios parece ter tido como base uma opção individual, mas certamente que haveria uma selecção entre os membros das famílias já no "ramo", bem visível sobretudo no Egipto e até no Judaísmo.

Visava um conhecimento especializado, superior, reservado. Como afirmou Clemente de Alexandria no Livro V, Cap VII de

Stomata "**os egípcios não confiaram os mistérios que possuíam a todo e qualquer um, e não divulgaram o conhecimento das coisas divinas aos profanos, mas somente aos destinados a governarem e aos sacerdotes que julgassem merecedores pelo seu saber, cultura e nascimento". "Semelhante aos enigmas hebreus, ...com os seus segredos".**

As Escolas de Mistérios, desde a mais remota antiguidade, sempre forneceram o corpo de sacerdotes que velavam pelo culto e educavam a congregação. E que faziam parte da estrutura do poder, que era de origem divina, pelo que o governante estava em comunhão com os deuses com quem partilhava a divindade. Cuidar dos deuses era também cuidar dos governantes. Pelo que esta organização não podia estar aberta ao comum das pessoas.

Esta ideia de poder e intermediação está presente em quase todas as sociedades antigas, religiões e cultos, ligando sagrado e profano. Mas o monoteísmo não se afastará muito desta matriz, sobretudo antes do século XVIII. O poder era de origem divina e o dirigente religioso, como intermediário do deus, que dava o poder, sentia-se com direito a ser o garante da legitimidade dessa outorga, e merecedor do devido respeito por parte do poder profano, se não pudesse detê-lo.

Podemos afirmar que as Escolas de Mistérios não foram uma realidade uniforme na antiguidade. As melhor conhecidas são as Egípcias, mas aqui a própria educação parece ter girado em torno dos Templos, casas dos deuses, e dos seus sacerdotes. Seriam uma espécie de universidades que ensinava muitas matérias e saberes, tendo criado uma especialização para um núcleo especial: a magia, a escrita sagrada, os oráculos, os assuntos da vida para além da morte, a mumificação. Só este núcleo seria objecto de segredo, pois ele propiciava a intervenção dos deuses e a manifestação das suas realizações.

No Império Persa, o mesmo aconteceria com o núcleo de sacerdotes do zoroastrismo, os Magos, que teriam um núcleo secreto de conhecimentos, que seriam também objecto de escolas de mistérios.

A Grécia beberá em ambas as culturas, até porque o Egipto veio a integrar aquele império desde o século VI a.C., assim como a parte grega da Jónia. Pelo que o modelo seria muito semelhante. Aliás sabe-se hoje, desde a descoberta dos papiros de Derveni, na Macedónia, em 1962, mas só publicados em 2005, que uma das mais antigas religiões de mistérios grega, o Orfismo, é de influência persa, zoroastriana.

2 – A EDUCAÇÃO

É difícil ser assertivo sobre este assunto, pois temos poucas fontes escritas e mesmo essas são relativamente recentes, essencialmente os escritos gregos da antiguidade. Mas pode afirmar-se:

- a educação era restrita aos filhos das classes privilegiadas;
- a esmagadora maioria estava excluída da educação e confinada à educação familiar informal;
- o conhecimento da escrita era limitado, havendo mesmo, nalgumas culturas, uma reserva devido ao seu carácter sagrado e esotérico, mais no extremo oriente (sânscrito) que no médio oriente, pois aqui a organização sociopolítica desde cedo se baseou em registos escritos, o que levou a uma linguagem especial para o culto e o sagrado.
- A oralidade e a memorização eram a regra básica do ensino.
- O conhecimento era, em geral, tido como de origem divina, uma dádiva dos deuses.

Mas, numa análise global, podemos dizer que houve um conjunto de saberes que se ensinavam e que foi definido como as Sete Artes Liberais: 1) Gramática, 2) Retórica, 3) Dialética, 4) Aritmética, 5) Geometria, 6) Astronomia e 7) Harmonia, que passou a dividir-se em trivium, as três primeiras, e quatrivium, as restantes (Boécio (480-524 d.C.) teria sido o primeiro a enumerar o quatrivium).

Havia outras matérias ensinadas, até pela necessidade:

medicina e arquitectura, por exemplo, mas que pareciam um tanto marginalizadas, pois, como diria *Marciano* Capela (410-427) em "O casamento da Filologia e Mercúrio" "...não têm nada em comum com o céu."

As mais antigas referências sobre o tipo de educação da antiguidade, vamos encontrá-las na Bíblia Judaica quando trata da vida de Moisés. Lembremo-nos que se tratava de educar um príncipe egípcio, mas a sua formação deveria ser comum, pelo menos em parte, ao dos jovens privilegiados.

Citemos um padre da Igreja Católica, Clemente de Alexandria (Stromata, L° 1-Cap 23): "Moisés, tendo chegado à idade certa, foi-lhe ensinado aritmética, geometria, poesia, harmonia, medicina, música... filosofia, escrita, literatura".

Certamente os iniciados nos Mistérios pertenceriam às famílias privilegiadas, e como tal teriam a educação comum à sua classe. Com a iniciação nos Mistérios teriam de ter uma aprendizagem especial nos assuntos objecto dos mesmos.

No que diz respeito ao Egipto temos o testemunho do citado Clemente de Alexandria, que afirma que a educação específica dos sacerdotes se fazia memorizando os "42 Livros de Hermes Trimegistos – o *Corpus Hermeticum* – contendo ensinamentos sobre artes, ciências, religião e filosofia. Estava subdividido em seis conjuntos. O **primeiro** tratava da educação dos sacerdotes; **o segundo**, dos rituais do templo; **o terceiro**, de geologia, geografia, botânica e agricultura; **o quarto**, da astrologia, matemática e arquitetura; **o quinto** continha os hinos em louvor aos deuses e um guia de acção política para os reis; **o sexto** era um texto médico".

De Hermes seriam também o Livro dos Mortos ou o Livro da Saída da Luz, além do mais famoso texto alquímico – a "Tábua de Esmeralda", que certamente fariam parte da especialização de alguns, e que estava repleto de simbolismo.

Convém esclarecer que sob o nome de Hermes Trimegistos se pretendia referir não uma personagem histórica, mas a vários autores, representando uma dinâmica simbólica de transmissão de conhecimentos divinos, como era entendido todo o conhecimento.

Ou seja, para pertencer a esse núcleo restrito não bastava a educação geral, era necessária uma formação especial, para a função, conforme já relatado: Estolistas, Magos, Escrivas, Horologistas, Astrólogos etc.

Eram conhecimentos que interferiam na vida dos deuses e pessoas, que tinham de ser guardados em segredo. Como a Magia, cujo domínio permitia obter actuações sobrenaturais, que nas mãos erradas podia causar prejuízos aos próprios deuses.

Haveria mesmo uma linguagem secreta, o Senzar, e uma escrita sagrada, diferente da administração, necessária à preservação do segredo. E todo um simbolismo vertido em mitos, lendas e figurações, só apercebido pelo iniciado. E os números e seu significado oculto, que tanto seduziu Pitágoras ao ponto de fazer da matemática o centro de seu ensino esotérico.

Mas o Egipto foi um caso especial, pois o centro da educação eram os Templos e os sacerdotes os pedagogos. Exemplo também seguido pelos israelitas, cujas "esnogas" eram, além de centros de culto, também centros de ensino.

Já na cultura grega, existia uma distinção entre ensino geral e sagrado, com a abertura de escolas de sofistas e de filósofos. Exemplo de pedagogos "laicos", os sofistas, cujo método consistia na arte de convencer através da argumentação, de que determinada afirmação era verdadeira, mais do que buscar a verdade, como procuravam os filósofos. Aos iniciados restava aprenderem no seio dos cultos em que eram admitidos e nas suas Escolas de Mistérios. O mesmo se passando na cultura Romana.

3 – A ESSÊNCIA DOS MISTÉRIOS

Podemos dizer, embora o termo ainda não existisse, que se tratava de conhecimento religioso, de uma religião?

Os membros destes Mistérios acreditavam na existência de uma alma espiritual, na vida para além da morte. Era um conceito de imortalidade parecido com o conceito Platónico: a alma seria preexistente ao corpo e não acabaria com a morte deste. Antes continuaria sendo julgada e recompensada ou penalizada de acordo com a vida terrena.

O conceito de alma variava conforme a cultura, mas teria começado como uma entidade espiritual, imortal, habitando o mundo superior, e que "desceria" para se encerrar num corpo, onde estaria como que aprisionada e da qual se libertaria depois da morte. Tão real como os espíritos (bons e maus), em que ainda hoje acreditam os fiéis de todas as religiões.

O seu destino após a "libertação" estava dependente das acções da pessoa em que habitara: seria submetida a um julgamento e se fosse merecedora ficava no paraíso, caso contrário voltava a reincarnar. Muito semelhante ao budismo oriental, com a diferença de nestes cultos a alma ser individual e não uma parte da alma cósmica. Mas a influência é desse extremo oriente, via Zoroastrismo, onde passou a ser uma entidade individual.

Como se ligava ao corpo e como ficava sujeita ao comportamento deste?

A alma seria preexistente, habitando no espaço astral, mundo superior dos deuses e espíritos, e seria uma dádiva ou castigo dos deuses, o que permitiria a sua junção num corpo. Que, todavia, tinha livre arbítrio. Sem o qual seria difícil teorizar um julgamento individual após a morte. À alma competiria nortear o corpo para o bem e o belo. E conforme o seu desempenho, assim a sua retribuição.

Este conceito de alma imortal não existia nos mitos egípcios e gregos iniciais, sendo a alma individual e preexistente, mas destrutível: se não fosse merecedora de viver após a morte seria "despedaçada". Ao contrário do budismo não se concebia uma alma cósmica da qual emanasse e à qual regressaria se merecedora, sendo o castigo um ciclo de reincarnações. Mas este conceito oriental vai ser acolhido pelos gregos, com a metempsicose ou transmigração das almas. Estas seriam, neste caso, individuais, mas eternas, sendo seu objectivo alcançarem a felicidade no paraíso.

E aí estava o homem, espírito e matéria, fruto dos deuses mas independente destes, que tinham o seu próprio mundo superior, em que se acreditava pela crença, sem fundamento racional. A filosofia tentará uma abordagem explicativa racional, procurará mesmo encontrar o fundamento da essência divina, mas estava presa a este dualismo difícil de ultrapassar. A não ser que desse um passo em frente e entendesse que tudo derivava de uma mesma entidade. Foi o que fez a partir da concepção de que na origem estava o Uno, de que tudo o resto seriam emanações. Esse Uno seria, no início, o Bem, o Belo. Pois no politeísmo era difícil conceber um deus único. Passo que foi dado com o monoteísmo, mas que prescindiu de qualquer explicação racional, regressando de certa forma à explicação Mítica. Por isso muitos autores cristãos afirmaram a inutilidade da filosofia como instrumento para chegar ao conhecimento do Deus único. A este só se chegaria pela Fé, que não era assunto da filosofia, antes era uma dádiva do mesmo Deus. Que passou a ser o centro de tudo, ao qual o homem devia obediência e adoração, secundarizando o livre arbítrio. O homem ou tinha Fé ou não tinha, situação em que estava traçado o seu destino. Restava-lhe ir para dentro, submeter-se à Fé, e tudo o resto ser-lhe-ia dado, incluindo o passaporte para o paraíso.

Quer isto significar que nos Mistérios Antigos o homem tinha livre arbítrio, embora estivesse sujeito à prestação de contas aos deuses, que lhe eram superiores. Para que esse julgamento fosse favorável e ele pudesse atingir a felicidade, teria de viver segundo um padrão que fosse aceitável para esses deuses. Padrão esse que tinha dois vectores essenciais: o conhecimento, que era ele próprio uma dádiva dos deuses, e um comportamento ético. Ambos dependentes do comportamento do homem, sem necessidade de pertença a um culto específico, pois, com muitos deuses, tudo era uma questão de escolha individual.

As Escolas de Mistérios representam, neste contexto, uma oportunidade de um homem culto aprofundar os seus conhecimentos, conhecer as opções concretas que o podiam levar a um julgamento favorável após a morte, assim recebendo a recompensa, pois o elemento mais importante seria a alma. O que significa que nem todos teriam de fazer este caminho, havendo mesmo quem retirasse da filosofia a conclusão que não havia nada mais além desta vida, e que interessava vivê-la em felicidade, sem dor, gozando-a ao máximo (Epicuristas).

Os Mistérios eram, também, Irmandades, um conjunto de homens que se unem com base numa opção individual para fazerem um caminho espiritual juntos, e, portanto, se consideram irmãos. Mas eram mais que isso: faziam uma proposta de conhecimento e de comportamento ético de acordo com o caminho que pensavam levá-los à salvação. Não negavam outros caminhos, nem que pudesse haver salvação por outra via. Apenas achavam que aquele os levaria, com mais certeza, ao fim desejado, pois lhes dava o conhecimento para isso.

Como apareceram os Mistérios?

É razoável, embora não haja fontes provatórias, admitir que existiram em todas as culturas onde se estruturam teogonias e cosmologias. Que teriam originado a necessidade de criar cultos e organizar corpos de oficiantes e intermediários desses deuses.

Estas Escolas aparecem no Egipto organizadas em torno dos sacerdotes e dos Templos, das divindades, de uma forma ampla, pois as funções daqueles extravasavam do sagrado e abrangiam o profano. Eram Escolas que preenchiam as funções de educação das classes privilegiadas, e que continham uma especialização para o sagrado, que corresponderia ao que se chamará de Mistérios.

O Império Persa, confinando com o extremo oriente hindo-ariano, vai elaborar uma proposta religiosa sistematizada, centralizada, quase monolátrica, o Zoroastrismo. Este é influenciado e vai influenciar as ideias religiosas de todos os povos do seu vasto império, confrontando-se mesmo com ideias monoteístas judaicas e seus escritos sagrados. Quando assim é, e voltaremos a assistir a esta realidade com o helenismo, surgem e proliferam as correntes sincréticas.

É essa realidade que está documentada pelos escritores do Helenismo e que documentos como os papiros de Derveni vieram confirmar: existiam Escolas de Mistérios desde o século VI a.C., além das conhecidas do Egipto, das quais o Orfismo (certamente teria outro nome Persa) parece ter sido a que mais influenciou os gregos. Nomeadamente Pitágoras que teria juntado elementos das Escolas Egípcias e Persas e fundado a sua própria Escola de Mistérios, com a teoria da transmigração no centro, e a vida ascética como norma de comportamento espiritual.

Podemos traçar algumas características comuns a todas elas:

- A crença numa alma individual divina e imortal (no sentido de eterna, preexistente) que se une a um corpo humano e com ele partilha a existência.
- A crença num julgamento da alma após a morte e uma recompensa ou castigo em conformidade com a vida terrena. Recompensa sob a forma de felicidade eterna, ou castigo, sob a forma de reincarnação (influência Órfico-pitagórica).
- Crença em que o caminho para a salvação da alma se obtém pelo conhecimento e prática ascética e ética, que exige esforço e labor para afastar as paixões, os apetites do corpo, e praticar as virtudes que aproximam do bem e da beleza.
- O conhecimento do sagrado, proposto pelas diferentes Escolas, era reservado aos homens cultos e aos governantes, pois se entendia que nem todos eram merecedores

de ter esse conhecimento ou não estavam habilitados a entendê-lo.

- O conhecimento podia ser usado negativamente, pelo que era objecto de segredo.

Que conhecimentos eram esses?

Era crença dessas épocas de que os deuses tinham o seu próprio mundo, o mundo astral, onde viviam. Portanto, a astrologia seria a ciência dos deuses, de como eles se relacionavam e influenciavam o homem. Mas haveria muitas outras formas de conhecer os deuses e de estes se manifestarem: a teogonia, os oráculos, as adivinhações, a magia, a matemática. Havia também que construir as moradas dos deuses, o que impunha a geometria como uma ciência sagrada.

Muitos destes conhecimentos podiam interferir com os deuses levando-os a manifestarem-se favorável ou prejudicialmente para com os homens e a sociedade. Logo havia que ter cuidado com o próprio conhecimento de modo a este não ir parar aos homens errados.

Mas sobretudo tratavam de estudar a forma como a alma se uniria e sairia do corpo após a morte, e como seria o seu julgamento, bem como os valores éticos a seguir para trilhar o caminho certo para a recompensa.

Por tudo isso, as Escolas só ministravam o conhecimento destas matérias a quem se lhes juntasse, numa base de opção pessoal, e fosse iniciado. Esta iniciação representava uma nova etapa da vida da pessoa, um novo tipo de comportamento e novos deveres, sobretudo o de guardar silêncio sobre o conhecimento que lhe ia ser dado. Portanto, era objecto de escrutínio e de provas para se certificarem que os candidatos estavam aptos a respeitar o compromisso e o segredo.

Ainda em nome do segredo a transmissão desse conhecimento, estava rodeado de cautelas que se traduziam na sua encriptação em iconografia e símbolos, que eram apreendidos através do ritual.

Compreende-se que estas Escolas se constituíssem em Irmandades, comungando do dia-a-dia, dos ideais, da entreajuda, do estudo, protegendo-se e protegendo o saber do exterior.

Sendo assim temos dificuldades em conhecer a fundo os rituais, o simbolismo e os conhecimentos que ministravam. As fontes escritas são poucas e mesmo assim deficientes, ou porque se trata de iniciados protegendo o segredo ou de adversários, sobretudo cristãos, pouco dentro desses meandros e mais interessados em distorcer a imagem pública que tinham. Hoje podemos encontrar na internet muitos dos escritos antigos sobre o assunto, recomendando-se: Heródoto "The Egyptian Book of the Dead, Bk. II"; Clemente de Alexandria: Stromata L°. V; Plutarco, De Iside et Osiride Bk. II; Lucius Apuleius (125-180 d.C.), sacerdote de Esculápio e um iniciado em vários desses mistérios (Mistérios de Dionísio; mistérios de Ísis) que no seu Livro Metamorfoses, ou Asno de Ouro, nos conta um percurso iniciático nos Mistérios de Ísis. Podemos ler os seus escritos em sites, como: **www.ancienthistory.about.com.**

As Escolas distinguiam-se pelo circunstancionalismo em que se estabeleciam, pelo panteão religioso dessa cultura, pelos mitos explicativos que criavam. Embora algumas se deslocassem ao sabor da geopolítica, sendo o caso mais conhecido o da Irmande de Ísis que proliferou em Roma durante um certo período.

O que conhecemos melhor são os Mitos explicativos, nem sempre os conhecimentos que encerravam, pois estavam encriptados e o seu simbolismo era transmitido apenas aos iniciados. Mas todos eles visavam uma cosmologia e teogonia muito semelhente, sobretudo depois do sincretismo helénico.

São muitas as Escolas de Mistérios, na Pérsia, no Egipto, na Grécia, em Roma. Interessam-nos, sobretudo, os Mistérios de Mitras, de que faremos uma análise mais detalhada, por terem sido a última religião pagã do Ocidente. Quanto aos outros daremos apenas uma versão dos seus Mitos.

Capítulo V
PRINCIPAIS ESCOLAS DE MISTÉRIOS

1 - ÍSIS E OSÍRIS

Osíris, Ísis e o filho Horus

O culto de Ísis foi um dos mais importantes da Antiguidade, não só no Egipto mas até em Roma, moldado pelo sincretismo helénico, sofrendo as influências do Zoroastrismo. Ísis era vista por muitos como a deusa das deusas, como podemos ler no testemunho de Lúcio Apoleio (125-170 d.C.), um iniciado nos seus mistérios, a passagem do seu livro: "Metamorfoses ou O asno de ouro". Livro 11, Chap 47, em que relata um sonho em que Ísis lhe aparecia:

> *"Presta atenção Lúcio, estou a chegar, os teus choros e preces levam-me a ir em teu socorro. Ou sou a mãe de todas as coisas, a senhora do universo a que governa todos os elementos, a progenitora inicial do mundo, chefe do poder divino, Rainha dos Céus, o primeiro dos deuses celestiais: obedecem ao meu comando os planetas, os ventos dos mares e o silêncio do inferno; o meu nome e divindade é adorada por todo o mundo nas mais diversas maneiras, nos mais diversos costumes e com muitos nomes... sou Artemis, Afrodite, Prosérpina, e em Elêusis chamam-me a Rainha do Milho.... Os Egípcios ...adoram-me e chamam-me a Rainha Ísis.... Deixa, pois, as tuas lágrimas e queixumes... e prepara-te para seguir as minhas ordens".*

A Irmandade de Ísis é tida como a mais antiga Escola de Mistérios.

Reproduzimos uma versão do mito central de Ísis e Osíris, seguindo de perto a versão de Plutarco em Ísis e Osíris, Moralia.

> *"Osíris, governante do Egipto, tornou-se muito popular entre os seus súbditos. Seu irmão Set, com ciúmes da popularidade de Osíris tentou várias vezes assassiná-lo, sem êxito. Finalmente Set, ajudado pela rainha da Etiopia, Aso, elaborou um sofisticado plano que lhe permitiu iludir Osíris: mandou a Tufão que construísse uma arca, com o tamanho exacto do seu irmão, bonita e ornamentada. Organizou, então, uma grande festa, para a qual convidou Ísis e Osíris, e outras setenta e duas personagens." (Plutarco, in Moralia, Ísis e Osíris, refere-se-lhes como seus coniventes)*

No auge da festa apresentou a arca e anunciou que a ofertaria a quem nela coubesse. Todos os convidados a experimentaram mas a nenhum ficava bem, até que chegou a vez de Osíris que se meteu dentro. De imediato Set e seus cúmplices fecharam a tampa, e selaram a arca com chumbo derretido. Assim fechada, atiraram-na ao Rio Nilo.

Os primeiros a saber da situação foram Pan e Sátiro, que viviam na região onde a arca foi atirada ao rio, ficando consternados e confusos (pânico viria daí).

Ísis, estranhando o desaparecimento do marido procurou-o por todo o Egipto e no mar, inquirindo todos os que encontrava. Foram umas crianças que lhe indicaram o local onde a arca fora arremessada ao Nilo.

A ela juntou-se sua irmã Neftis que abandonou seu marido Set, de quem não gostava, por estar enamorada de Osíris. Este, julgando deitar-se com Ísis, havia-a engravidado, tendo esta dado à luz uma criança, que escondeu. Neste entretanto, Ísis, ajudada por um cão procurou e encontrou a criança, fazendo-a sua guardiã e dos deuses, como um cão guarda as pessoas, dando-lhe o nome de Anúbis.

Finalmente soube por inspiração divina de Rumor, que a arca estava bem longe, para onde a corrente do Nilo a levara, em Biblos (actual Líbano), entrelaçada nas raízes de um tamarisco que crescera anormalmente, e que, entretanto, fora usado como um pilar no palácio do Rei. Sentou-se junto a uma fonte carpindo as suas mágoas e não falando a ninguém, excepto às aias da rainha de Biblos, a quem tratou com cortesia e amabilidade, impregnando-as com um perfume de ambrósia que exalava de seu próprio corpo. Ao saber disso a rainha, curiosa, mandou-a chamar, entregando-lhe seu filho para cuidar. O que ela fazia dando-lhe de mamar do seu polegar, e queimando-o aos poucos todas as noites enquanto assumia a forma de uma andorinha e voava em redor do pilar, carpindo. Quando a rainha viu seu filho a arder deu um grito, que lhe retirou a imortalidade. Foi então que Ísis se deu a conhecer e pediu o pilar para dele retirar a arca, o que fez facilmente, enrolando-a com panos de linho e aspergindo-a com seu perfume. Com a ajuda do filho mais velho dos reis, pôs a arca num barco e voltou com ela para fazer um funeral condigno a seu esposo.

Pensando ir ter com o filho, e com receio de Set, enterrou

a arca num pântano junto ao Nilo. Infelizmente para Ísis, Set descobriu-a, por acaso, enquanto caçava, reconheceu o corpo, e, furioso cortou-o em 14 bocados que espalhou por diferentes lugares, por todo o Egipto, tendo atirado o pénis ao Rio, o qual foi, de imediato, comido por um peixe.

Ísis teve de reiniciar a busca, usando um barco de papiro para se mover no pântano, tendo agora de procurar por todo o lado as diferentes partes do corpo de Osíris. Encontrou-as todas, com excepção do pénis.

Tratou de recompor o corpo do marido, substituindo o bocado em falta por um falo de ouro. Finda a recomposição embrulhou-o com ligaduras. Então, expirando para dentro do corpo de Osíris, insuflou-lhe vida (numa das versões é então que concebe de Osíris; na versão de Plutarco o filho já havia nascido, e Ísis não recompôs o corpo de Osíris, antes foi enterrando cada pedaço onde o encontrava, o que explicava os muitos sepulcros do mesmo).

Entretanto Hórus, escondido no delta do Nilo, foi educado no maior dos segredos, preparando-se com esmero e paciência como sucessor do rei assassinado, enquanto sua mãe Ísis o cobria com a impenetrável couraça dos seus conjuros, esperando até que chegasse a hora da vingança. Hórus, logo que adolescente, querendo vingar a morte de seu pai, fez guerra ao tio. Nesse combate Hórus saiu vitorioso e aprisionou Set, que entregou a Ísis, que todavia o libertou, o que causou a fúria de Hórus que se virou contra a mãe, retirando-lhe o diadema real da cabeça. Mas Hermes, admirador de Ísis, substituiu-o por um capacete em forma de vaca.

Set acusou Hórus de ilegitimidade sucessória, mas, com a ajuda de Hermes, este conseguiu que os deuses dirimissem o conflito estabelecendo:

- Osíris recuperava o reino que teve em vida, mais a parte do reino que pertencera a Set (ou seja, todo o Egipto).

É também nomeado deus do mundo subterrâneo e dos mortos;

- Hórus é reconhecido como sucessor de Osíris, e passa a governar todo o Egipto por direito divino; (Na versão menfita o Faraó Menes – cerca 3.000 A.C. – é equiparado a Hórus)
- Set é nomeado Rei dos desertos do caos e do mal.

Nesta Escola de Mistérios de Ísis e Osíris, os conhecimentos codificados, reais, só eram dados aos iniciados ("coisas escondidas sob o manto de mistérios e imitações", como diz Plutarco). E deve ser visto como uma "representação, ou melhor, como uma reflexão, de uma outra realidade" (idem).

Certamente que tem a ver com a cosmogonia e teogonia egípcia, centrada no Rio Nilo, fonte de vida e alimento dos homens. Talvez, também, com uma história mítica do Egipto. O certo é que os sacerdotes eram ciosos dos seus conhecimentos e do segredo em torno dos mesmos.

2 – ELÊUSIS

Esta Escola de Mistérios é referida como a mais antiga no mundo grego, e deve o seu nome à localidade onde se iniciou – Elêusis (hoje Lefsina). Embora os papiros de Derveni, achados em 1962, venham levantar a hipótese dos Mistérios Órficos lhe serem anteriores. Eventualmente, o mais provável foi terem coexistido temporalmente, cada uma atraindo os seus seguidores.

Baseia-se no Mito de Deméter e Perséfone (Ceres e Prosérpina no mundo Romano). Eis uma versão:

> *"No princípio dos tempos, havia na terra uma temperatura constante que permitia um ininterrupto crescimento da vida animal e vegetal, durante todo o ano. O que tornava o mundo perfeito, cheio de felicidade, beleza e abundância. A deusa responsável por tal domínio era Deméter que tinha*

uma filha encantadora, Perséfone, que era o seu orgulho e lhe alegrava o coração. Vivia feliz e isso refletia-se no modo como desempenhava as suas funções de deusa da agricultura, cereais e colheitas, mantendo o mundo em prosperidade.

Deméter e a filha estavam quase sempre juntas. Um dia Perséfone afastou-se um pouco para apanhar flores, quando Eros, deus do Amor, atirou uma seta ao coração de Hades, deus do mundo inferior, levando-o a enamorar-se de Perséfone, e a decidir que se casaria com ela, e que a faria rainha do seu mundo.

Quando Perséfone se debruçou para apanhar umas flores, logo se abriu uma cratera, donde emergiu Hades num carro puxado por dois cavalos pretos, que a agarrou e a levou consigo para o mundo das trevas.

Perséfone ainda gritou, mas era tarde demais, pois a cratera fechou-se atrás do carro. E Perséfone encontrou-se no reino dos mortos onde Hades dominava, e onde iria desposá-la e torná-la rainha.

Entretanto Deméter ainda ouvira os gritos da filha, mas esta já desaparecera.

Tomada pela dor procurou-a por todo o lado, e perguntou a Apolo, deus-sol, quem teria levado sua filha. Ao que este respondeu que ela reinava agora no mundo inferior, juntamente com Hades, que a tomara por esposa. A visão de sua linda e querida filha encerrada no mundo das trevas partiu o seu coração de mãe.

Deméter abandonou a sua casa no Monte Olimpo e vagueou pelo mundo, de luto, chorando a sua perda, disfarçada de mulher idosa, pelo que ninguém a reconheceu.

E durante um ano inteiro recusou-se a deixar a terra florir, não abençoou as sementeiras nem cuidou das colheitas. Tudo definhou e morreu e a terra, antes verde, tornou-se seca e estéril. Todos os seres vivos definhavam e passavam fome, correndo risco de extinção.

Os deuses, preocupados que todos os humanos morressem, deixando assim de existir quem os venerasse, dirigiram-se a Zeus, deus dos deuses, pedindo-lhe que falasse com Deméter para que voltasse às suas tarefas de deusa da Agricultura.

Mas os esforços de Zeus foram em vão, e Deméter jurou que enquanto a sua filha não voltasse, a terra não voltaria a produzir.

Zeus mandou, então, Hermes, o mensageiro de deus, pedir a Hades que deixasse Perséfone voltar para sua Mãe. Entretanto, Hades tinha conseguido que Perséfone comesse uma semente de romã, a comida dos mortos, pelo que acedeu ao pedido de Zeus, sabendo que quem comesse a comida dos mortos nunca deixaria de voltar ao mundo inferior.

Mãe e filha, reunidas, choraram de alegria e Perséfone contou como fora raptada por Hades, da terra florida, e levada para o reino das trevas, onde este fizera dela a sua rainha. Contou--lhe, também, como sentiu a falta do sol, da beleza da terra e do céu azul. E como, infeliz, se recusara durante quase um ano a comer, apesar das insistências de Hades, até que, para que este a deixasse em paz, havia acedido a comer um, e apenas um, grão de romã ("sobre a romã nada posso dizer, pois a sua história é um mistério sagrado", diz Pausânias (em Descrição da Grécia, L° I – Ática).

Ao ouvir isto Deméter horrorizou-se, pois sabia o que isso significava para a sua filha, e que, afinal, a tinha perdido.

Zeus apiedou-se de Deméter e da filha. E porque Perséfone comera apenas um grão de romã, e além disso o fizera contrariada, decretou que esta não seria obrigada a ficar o ano inteiro no Mundo Inferior, mas que apenas aí ficaria metade do ano, e que na outra metade poderia voltar para sua mãe.

Nestes termos, sem deixar de ser fiel ao seu juramento, durante os meses em que a filha está com ela, Deméter permite que a terra fique verde e abençoa as sementeiras e as colheitas. Durante a metade do ano em que Perséfone está no Mundo Inferior, Deméter chora, e na sua dor e solidão, faz com que a terra fique fria e estéril, não permitindo que nada cresça durante esse período de dor. Assim a terra terá de esperar que Perséfone volte, cada primavera, para então ficar de novo verde e quente, num ciclo repetido todos os anos."

Demeter é a Deusa-mãe. Da geração dos deuses olimpos, filha de Cronos e Reia. Deusa das sementeiras, sobretudo do milho, que se cultivava nas planícies de Elêusis, à volta de Atenas. De muitas faces, associada a Ereshigal, Hecate e Brimo.

Os conhecimentos encerrados no Mito, só eram acessíveis aos iniciados nessa Escola de Mistérios, através de um Ritual em grande parte hoje desconhecido. E mesmo o que se conhece, deve-se a fontes que o descreveram para o detractar, geralmente escritores cristãos.

Esta Escola organizava grandes celebrações públicas, chamadas Festas Eleusinas, que decorriam de cinco em cinco anos, na Primavera e no Outono, os dois períodos de sementeira dos grãos, correspondentes aos pequenos e grandes Mistérios, obrigatórias para todos os iniciados.

Tinham por oficiantes os sacerdotes, ou Hierofantes, e as sacerdotisas, e decorriam durante, pelo menos, duas semanas, sendo nove os dias principais:

1° dia – reunião dos neófitos.

2° dia – purificação pela água (talvez no mar ou na "fonte Eneacrunos ou dos nove repuxos" (Pausanias, citado).

3° dia – jejum durante o dia. À noite, interrompia-se o jejum comendo bolos de cevada e dormideira, e bebia-se uma bebida sagrada (ciceon).

4° dia – procissão do cesto (calathus).

5° dia – procissão nocturna dos archotes.

6° dia – partida de Atenas para Elêusis, para ofícios do culto. (Os Atenienses chamam-lhe o "Caminho

Sagrado", conforme escreve Pausanias: (Descrição a Grécia, Livro I: Ática, 1.36.3).

7º dia – regresso a Atenas, com cerimónia da figueira sagrada e as brincadeiras da ponte (por onde passava a procissão entre o gozo e brincadeiras maliciosas da multidão).

8º dia – cerimónias dedicadas a Esculápio, deus das curas.

9º dia – Quebra dos vasos: partiam-se dois vasos cheios de vinho, colocados um a oriente e outro a ocidente, ao mesmo tempo que se pronunciavam palavras mágicas (a linguagem é mágica, parabólica, instrutiva, alegórica e descritiva). O conhecimento (os vasos) vinha do ocidente através dos Celtas (Gauleses), e do Oriente, pelos indo-europeus e os Persas. Agora que "a sabedoria foi já transmitida ao iniciado", os vasos podem ser partidos.

Rituais

Os rituais de iniciação eram dirigidos pelos sacerdotes superiores (hierofantes) e celebrados durante a noite, em Elêusis, no templo de Deméter, sendo a entrada vedada a profanos sob pena de morte. Eram precedidos de um rigoroso jejum e vigília nocturna. Comportava provas físicas (percursos nocturnos, ultrapassagem de obstáculos) e psíquicas (barulhos misteriosos, fantasmas, visões), destinadas a avaliar o carácter do candidato.

Da sessão de iniciação, propriamente dita, pouco sabemos. De um relato de Clemente de Alexandria (Stomata), retiram-se alguns indícios, mas obviamente que este não conhecia os segredos.

> *"Comi do que estava num tambor, bebi o que estava num címbalo, transportei Cernos, e fechei-me num quarto. Jejuei, bebi da taça, recebi o que havia dentro da cesto e, depois (do meu trabalho), coloquei tudo numa bolsa; em seguida, tirando--as da bolsa, coloquei-as novamente dentro do cesto."*

Beber da taça significaria adquirir o conhecimento do passado, o trabalho seria o interrogatório.

E o que estaria dentro do cesto?

Novamente Clemente de Alexandria: "Bolos de sésamo, em forma de pirâmides, redondos e planos, sal, uma serpente, símbolo de Dionísio, ramos, troncos e folhas, sementes de papoila, margerição, uma lâmpada, uma espada, um pente de mulher".

A tudo isto acrescentar-se-iam ainda os bustos de deuses e deusas, "ídolos de madeira mal talhados", dizia Tertuliano, dos quais alguns estavam enlaçados por serpentes, comemorando assim a união fecunda das mulheres terrestres com os deuses. A manipulação desses objetos devia, na crença geral, transmitir as forças misteriosas que os habitavam e estabelecer uma espécie de filiação divina.

Terminaria com um juramento sagrado, com a transmissão das palavras sagradas e de reconhecimento.

Haveria um pagamento a efectuar pelo iniciado para custear as despesas da Escola, de trinta dracmas, mais um porco, e ainda uma gratificação aos Sacerdotes de Elêusis.

3 - ORFISMO

Orfeu é uma figura lendária, de herói, semideus, filho de uma Musa (Calíope, nalgumas versões) e do Rei da Trácia, Eagros (de Apolo noutras versões). Tido como poeta e músico insígne, tocador da lira de nove cordas (Nove Musas), cuja melodia paralisava homens e animais: os animais ferozes deitavam-se a seus pés como cordeiros; as árvores vergavam para melhor escutá-lo; os homens mais coléricos sentiam-se possuídos de ternura e bondade. Grande educador da humanidade, dos Trácios em particular. Iniciador dos cultos de Dioniso e dos mistérios órficos, prometendo a eternidade a quem neles se iniciasse. Autor de textos sagrados.

Como a todos os heróis míticos, as lendas multiplicaram-se:

teria sido um dos mais importantes heróis Argonautas (55 seria o seu número) à procura do Velo de Ouro.

Mas a Lenda mais difundida e sugestiva, é a da sua descida e regresso do Mundo dos Mortos, o Hades.

> *"Orfeu casou-se com a ninfa Eurídice, de enorme beleza, e a quem amava perdidamente. No dia de núpcias, Aristeu, apicultor, tentou violá-la. Eurídice, ao fugir, pisou uma serpente que a picou, causando-lhe morte imediata. Inconsolável, o poeta deixa de tocar e cantar prostrado num profundo silêncio. Não conformado, resolve descer às profundezas do Hades, para a resgatar de volta ao mundo dos vivos. Com a sua lira e sua voz divina, chorando as suas mágoas, comoveu Plutão e Perséfone que concordaram em devolver-lhe a esposa. Impuseram-lhe, contudo, uma condição: ele seguiria à frente e, enquanto caminhassem pelas trevas do Hades, em caso algum, poderia olhar para trás, até que atingissem o exterior. Orfeu aceitou a imposição e iniciou a sua marcha. Estava quase a sair e a alcançar a Luz quando foi assaltado por uma dúvida: e se tudo não passasse de uma brincadeira dos deuses? E se sua amada não viesse atrás dele? Não resistindo, olhou para trás, transgredindo a regra. Ao voltar-se, viu Eurídice, esvaindo-se, "morrendo pela segunda vez..." Tentou ainda retornar, mas Caronte foi implacável na sua recusa.*
>
> *Inconsolável, repele todas as mulheres da Trácia. Estas, enfurecidas, matam-no, cortam-no aos bocados e atiram a sua cabeça ao Rio Ebro. A sua lira foi encontrada na ilha de Lesbos, e colocada no Templo.*
>
> *Desgostosos com esse crime, os deuses resolveram castigar a Trácia com uma peste. Consultado o oráculo para saber como acalmar a ira divina, foi dito que o flagelo só terminaria quando se encontrasse a cabeça de Orfeu e lhe fossem prestadas honras divinas. Após longas buscas, um pescador encontrou a cabeça na foz do rio Meles, na Jónia, onde foi erguido um templo a Orfeu, cuja entrada era proibida às mulheres. As nove Musas, entretanto, haviam reunido os pedaços e enterraram o corpo no Monte Olimpo, onde passou a ser um dos deuses (o 13º).*

> *Por sua vez Zeus levou a sua lira para o firmamento, onde se tornou a Constelação Lira."*

Os Mistérios Órficos eram um culto que pretendia explicar o começo do homem (descida da alma), a sua personalidade e o seu destino (subida da alma). Muitas das suas concepções eram comuns ao Pitagorismo, pelo que podemos ter uma ideia dos mesmos nos escritos de Platão, sobretudo em Fédon, Menon, Crátilo e Górgias.

Os ensinamentos, a liturgia, os rituais funerários, a ajuda, eram ministrados pelos Mistérios, pois como já dizia Zoroastro nos Gathas, citado, o homem inteligente, conhecedor, pode escolher o lado do Bem. Não o ignorante.

Existem poucos documentos sobre estes mistérios, normalmente poemas, como os Papiros de Derveni, encontrados em 1962, e "lamelas" ou pequenas folhas de ouro, em túmulos órficos, contendo o que parece serem instuções para a viagem da alma no caminho para o Hades, o Mundo dos Mortos. Existem referências noutros documentos (A "Teogonia de Protogono" (c. 500 a.C.); a "Teogonia" de Eudemio (c. 500 a.C.); a "Teogonia Rapsódica", helenística, que incorporava os trabalhos anteriores) em Heródoto, Píndaro, Ésquilo, Eurípedes, Empédocles. O mais conhecido são os Hinos Órficos (87 poemas) do final da era helenística, de que se encontram várias traduções em sites especializados na Internet.

De tudo podemos retirar que a cosmogonia e teogonia órficas são parecidas, com ligeiras diferenças, com a Mitologia grega de Homero e Hesíodo, conforme atrás relatados.

Origem dos deuses

Diferente de Hesíodo, no início era a Noite, e não o Caos. A Noite é "a geradora universal", como refere Aristóteles (Metafísica) e se retira do Papiro de Derveni:

"A Noite, de asas de breu, cortejada pelo vento, depositou um ovo nas Trevas. Desse ovo nasce Eros que dá origem à Terra (Gea ou Gaia). De Gaia, sem intervenção masculina, nasce Urano (o Céu). E enquanto a Terra-Mãe (Gaia) dormia, Urano olha-a com ternura e sobre as suas fendas mais secretas faz cair a chuva fértil. E assim a Terra gerou as árvores, plantas e flores, os animais e as aves.

Essa chuva fez correr os rios que, enchendo os lugares mais côncavos, originaram os lagos e os mares".

Quanto aos deuses: "Zeus é o começo, o meio e o fim de todas as coisas".

A seguir, Zeus criou um numeroso panteão no qual é preciso salientar Dioniso-Zagreus que terá realce fundamental no culto do orfismo.

Mas tudo emanando do Uno (Monada), para a tríade e desta para a Ogdoade de oito imortais: Fogo, Água, Terra, Ar (Urno), a Lua (Selene), o Sol (Helios) Fanes e a Noite. Os quatro primeiros elementos (deuses) são personificados pela deusa-mãe, representando Orfeu o seu filho, que vê e nomeia os deuses através de fórmulas mágicas (uma lembrança da maneira como o deus Ptah criava oa deuses), fórmula essa escondida em grupos de letras (números em Pitágoras).

Numa outra versão, na origem estava Cronos (o Tempo), a razão inicial, e dele saíram o Éter e o Caos que geraram o Ovo Cósmico, um ovo de prata imenso (daí a proibição de se comerem ovos). Desse Ovo surgiu o deus Fanes, mais tarde chamado de Eros. Após seu nascimento, a parte superior do ovo tornou-se o céu e a parte inferior, a terra. Fanes criou a lua e o sol, os outros deuses e o mundo. Zeus, contudo, engole Fanes e toda a criação. E procede à criação de um mundo novo, tornando-se, a partir daí, o criador único.

Origem do homem

O Homem é fruto de um crime: Dionísio (na sua encarnação de Zagreu) era filho de Zeus e de Perséfone (ou Semele), uma mortal. Esta, grávida, pediu a Zeus para o ver (era um verdadeiro suicídio um mortal ver um deus). Este acedeu, mas Perséfone não conseguiu suportar a luminosidade que irradiava. Morreu carbonizada e o feto foi recolhido pelo deus e guardado na sua coxa até ao nascimento. Mais tarde, os Titãs, a pedido de Hera, esposa de Zeus, raptaram Zagreu, mataram-no, cozinharam-no e comeram-no. Zeus, possesso, fulminou os Titãs, com um raio, transformando-os em cinzas, mas Hermes conseguiu resgatar o coração do menino (o coração era tido como a sede da mente). Dessas cinzas, nasceram os homens, com sua dupla natureza: o corpo, o mal, da natureza dos Titãs; e a alma, o bem, de natureza divina, uma centelha divina de Dionísio, deus da fertilidade e da morte. A verdadeira questão é saber qual a natureza que vai prevalecer (dualismo do Zoroastrismo).

Doutrina Órfica

O que nos Mistérios órficos difere bastante dos mitos antigos, são as propostas escatológicas. Para aqueles a morte é esquecimento: os mortos são aqueles que perderam a memória, o que acontece ao beberem na fonte do rio Lete. Para os Órficos estas águas do esquecimento já não fazem a alma esquecer a existência terrestre, ao contrário, fazem-na esquecer o mundo celeste e levam-na de volta à Terra, reencarnando noutro corpo, um novo devir. Não beber da água do Lete era conservar a memória de existências anteriores, e com isso o fim do ciclo de reincarnação, ou pelo menos permitir, com essas lembranças, corrigir os passos dados no caminho errado.

Conhecemos melhor estas ideias por escritores e filósofos a quem influenciaram, nomeadamente Pitágoras e Platão.

Os Mistérios providenciarão instrumentos para a viagem:

ritos funerários, ritos de purificação e a unção dos doentes. Pelas lamelas encontradas, forneceriam mesmo instruções para ultrapassar a viagem depois da morte e de como a alma se deveria comportar (nelas se encontra gravado um misterioso Y, e algumas continham directivas): "À esquerda da morada do Hades, tu encontrarás o Lago da Memória, e os guardiões estarão lá. Diz-lhes... eu sou o menino da Terra e do Céu estrelado, mas estou morrendo de sede. Dá-me rapidamente a água fresca que flui do Lago da Memória". (Para os mitos gregos "os mortos são aqueles que perderam a memória", e esquecimento, significa o retorno à vida, pela reincarnação. Pelo que nunca deviam beber da água do Rio Letes, água do esquecimento.)

Numa outra lamela a alma informava que pertencia a um culto de Mistérios: "Venho de uma comunidade de puros, ó puro soberano dos Infernos". Ao que Persófone, Rainha do Hades, replica: "Saúdo-te, toma o caminho da direita em direcção aos prados sagrados e aos bosques de Perséfone". Era o prémio que todos os iniciados procuravam!

Os Mistérios fornecerão ainda um conjunto de regras de vida (vida órfica) destinada a um bem morrer, de alma pura. Para isso devia seguir um conjunto de regras de todo o género:

- Dieta vegetariana (a alma podia encarnar num animal), mas havia, ainda assim, alguns vegetais interditos, como no Egipto. O exemplo mais referido são os feijões, embora não se saiba a explicação.
- Constante purificação do corpo, pela água: ritos de purificação que se estendiam ao cadáver antes da alma iniciar a viagem. Purificação que se estendia às roupas, sendo interditos certo tipo de materiais considerados impuros, e ao cabelo e pelos do corpo. Pois se entendia que tudo o que era impuro era abominável para os deuses. Ignora-se se ia ao ponto de se circuncisar como os

Egípcios para uma melhor higiene íntima. A purificação era não só individual como colectiva.

- Levar uma vida de contemplação, para atingir o êxtase, um estado em que a alma se aproximava da Harmonia universal. Para tal a música era um auxiliar precioso pois proporcionava-o.
- Participar nos rituais mágicos onde, pelo êxtase e por fórmulas mágicas o iniciado se aproximava dos deuses.

Há grande semelhança entre o orfismo e o pitagorismo: o dualismo corpo-alma, a crença na imortalidade da alma, a metempsicose, a punição no Hades, a glorificação final da alma nos Campos Elíseos, o vegetarianismo, o ascetismo e a importância das purificações. Por outro lado, o orfismo era menos elitista do que o pitagorismo, menos esotérico e não se imiscuia em política.

A iniciação

Como todas as Escolas guardavam segredo sobre os seus ensinamentos, pelo que comportava um Juramento de Silêncio e uma Iniciação. Esta era uma opção pessoal, mas o candidato era previamente avaliado sob o ponto de vista físico, de conhecimentos e psicológico. Só depois era admitido numa cerimónia ritualística.

A iniciação devia ser semelhante a outras Escolas de Mistérios, variando no conteúdo dos ensinamentos. Constaria de um Juramento de Silêncio e de um ritual de iniciação em que o neófito era levado para uma cave onde decorria a mesma e onde lhe eram ministrados os primeiros conhecimentos escondidos nos símbolos, palavras (e números), e as fórmulas mágicas. Deveria terminar com um compromisso de honra, solene. Também ele com significado oculto para se manter secreto, mesmo que conhecidas as palavras. É referida por muitos escritores a fórmula desse juramento que apresenta várias versões muito semelhantes. "Comprometo-me a honrar e venerar, na cripta, a Eros das

Montanhas, o grande sagrado carismático, a ladrar três vezes, causando medo sagrado".

A interpretação seria a de honrar deus e venerar o seio da deusa-mãe onde se dá a concepção do Filho, na presença do deus masculino, criador, Eros e as três deusas femininas (Ereshigal, Hecate e Brimo), representando as transformações da deusa-mãe.

4 - MITRAÍSMO

Sabemos que foi trazido pelas Legiões Romanas de Pompeu, no século I a.C., da Ásia Menor. Possivelmente, no início, por Legiões auxiliares de autóctones. Em qualquer caso de um território onde se fizera sentir uma religião oficial, durante quase 250 anos de domínio Persa – O Zoroastrismo.

Zoroastro (século VII/VI a.C.) elaborara uma nova filosofia tentando fundar as respostas para as eternas questões transcendentais do homem num dualismo dinâmico baseado em dois princípios criadores mas antagónicos: o Bem e o Mal, a Luz e as Trevas Ahura-Mazda, deus do Bem e Angra-Mainya o deus do Mal, lutando entre si pela supremacia e domínio dos vivos e dos mortos. Mitra aparece do lado do Bem, como filho de Ahura--Mazda, feito seu intermediário com os homens com a missão de os ajudar a escolher o lado do Bem, e ao mesmo tempo como garante dos contratos entre estes. Findo o favoritismo oficial do Zoroastrismo, pelo século IV a.C., Mitra cativa a preferência popular e evolui no sentido de assumir o papel central, destronando Ahura-Mazda e assumindo características guerreiras lutando com as forças do Mal com valentia, honra, coragem, disciplina e fraternidade. Ao mesmo tempo popular e elitista, reservando os seus favores especiais a quem estivesse disposto a assumir, pela iniciação, uma dedicação à sua causa, como no culto Zoroastriano.

Os 300 anos de helenismo, no que fora o Império Persa, não impediram que o culto perdurasse, pois sabemos que este respeitou as crenças dos diferentes povos, embora não deixasse de as influenciar. A integração dos Reinos helénicos no império romano (68 a.C.) abriu o caminho das suas crenças para Ocidente, na bagagem dos Legionários, dos comerciantes e viajantes.

É razoável pensar que culto de Mitras teria feito o sincretismo de todas as influências religiosas do antigo Império Persa, dos reinos helénicos, e dos vizinhos (assírios, caldeus, babilónios e judeus).

Todos tinham divindades solares (Shamash – os babilónios, Mitras os hindo-védicos, Aton-Ra os egípcios, Hélio os gregos).

Digamos, como defende Cummont, que a base é perso-iraniana, com influências locais da Ásia Menor, babilónicas, tudo misturado no caldeirão da cultura helenística. Embora seja difícil distinguir, hoje, a extensão do que era Persa/Iraniano e do que era Helenístico-romano.

O problema que se coloca é a de decifrar a natureza do Mitraísmo: mera Irmandade ou Religião?

Perfilhamos a tese de Roger Beck (The Religion of the Mitras Cult in the Roman Empire, by Oxford University Press Inc. New York), que defende que o Mitraísmo era uma religião:

- Tinha um deus criador: O Sol Invictus – Mitras.
- Perfilhava um dualismo dinâmico, como era expresso num dos seus símbolos, a matança do touro, pelas imagens de Cautopates com a tocha apontando para baixo e a de Cautes apontando para cima. Uma luta, à maneira do culto de Zoroastro, entre as forças do Bem e as do Mal.

- Os símbolos e rituais eram a forma pela qual se pretendia transmitir ao iniciado os mistérios. Complementados por ensino verbal (palavras dadas e recebidas, ensinamentos, frases esotéricas etc.), tudo envolto em normas éticas que todos deviam seguir.
- Propunha um caminho para a salvação e uma vida de felicidade após a morte, o que não deixaria de apelar a homens que conviviam com a morte no deu dia-a-dia, com as angústias e medos que a crença numa vida após a morte podia apaziguar. E sabemos o poder da morte na criação das crenças!

Obviamente seria também uma Irmandade, característica dos grupos fechados, e de que os Pitagóricos e Escolas de Mistérios Egípcias e gregas eram um exemplo. Mas divergia desta porque propunha a acção e não a contemplação como atitude.

A sua expansão não será alheia a esse facto e aos valores que propunha, muito próximos dos do Código do Legionário: Honra, Valentia, Coragem, Fidelidade, Companheirismo. O que agradaria aos soldados do Império, pelo que alastra rapidamente no meio castrense. E sabendo nós o papel fundamental, sociopolítico, das Legiões Romanas, compreendemos bem que a sua influência se estenda rapidamente a toda a sociedade e ao poder político. As Legiões estavam espalhadas e sediadas por todo o Império (Legiões de 5.500 soldados, em torno da qual se movia toda uma economia regional), regulares ou auxiliares, eram mantidas por Roma em permanência, constituindo a partir do Império, uma profissão que durava, no mínimo, 16 anos). Recrutadas, a partir de Júlio César, entre todos os povos ligados a Roma, e portanto influenciando todos, e sendo determinantes a partir de certa altura, na nomeação dos Imperadores.

Entre os Legionários, Mitras rapidamente substitui o deus romano da guerra, Marte. Sobretudo desde o início do século II d.C. quando cresce em vitalidade e influência. Temos de nos situar no contexto sócio-religioso: o politeísmo era tolerante e sem proselitismos, que só virão a surgir com o monoteísmo cristão. Mas tinha uma função social, e o poder estava atento, com os governantes reivindicando um papel especial.

O Mitraísmo era, pois, uma opção religiosa cuja adesão era feita na base da opção individual, embora houvesse cuidado nas adesões. É de crer que os seus membros fossem essencialmente oficiais da Legião: centuriões, primus pillus e oficiais de diversos postos. Pois a disciplina e hierarquia das Legiões seriam avessas a convívio destes com os simples legionários. Mas certamente, também, responsáveis locais da administração, comerciantes e estudiosos. Era portanto uma elite letrada, possuidora de capacidades para compreender os ensinamentos, que propunham, à semelhança de muitos outros mistérios da antiguidade, um caminho para a salvação da alma. Pois concebiam o homem segundo a filosofia sincrética elaborada pelo helenismo, mas influenciada pelo oriente persa. Como se passava com outros Mistérios: Elêusis, Órficos, Pitagóricos e Egípcios.

A simpatia e adesão do Imperador veio depois: Trajano (100 d.C.) reconhece-lhe a importância; Comodo (180-192) é iniciado e constroi templos; Heliogábalo (222) tenta mesmo impô-lo como culto único numa versão Síria. Mas é com Aureliano (270) que ele se torna culto oficioso de Roma e o Imperador nomeado Pontifex Maximus, guardião do Culto de Mitras, título usado pelos seus sucessores até à sua substituição por outro culto, este oficial, o Cristianismo, em 391 com o Imperador Teodósio.

Até mesmo Constantino (306-343), o grande protector do Cristianismo e o verdadeiro arquitecto da religião romana e católica, o usou até à sua morte em 343. Seu sobrinho Juliano (Flavius Claudius Julianus, 331-363; imperador de 361-363,) chamado o Apóstata pelos cristãos, tentou restaurar o politeísmo em geral, e o culto do Sol Invictus, mais populares que o cristianismo. Fez mesmo um Édito de Tolerância, como o fizera seu tio, mas desta vez, sendo os politeístas os beneficiários, os cristãos não acharam boa ideia, opondo-se-lhe sempre, até reverterem a situação após a sua morte. A partir daí, o culto de Mitras rapidamente perde terreno face à nova religião romana e vai desaparecer com a sua substituição como culto oficial.

Podemos dizer que foi a última "religião" pagã do mundo ocidental. Sendo interessante verificar que a perseguição que lhe moveu o cristianismo o faz regressar ao oriente, adaptado aos costumes locais, encontram-se vestígios, por exemplo, na Coreia e Japão (O Sol Nascente). Exercendo mesmo alguma influência em certas correntes do islamismo (Sufismo).

Como se explica que um culto tão influente tenha deixado a cena pública sem sobressaltos?

Estabelecido essencialmente no meio castrense, entre homens habituados a obedecer, uma ordem do Imperador era sempre para acatar. E Constantino deixou clara a intenção de unir o Império, enorme, diverso, mas periclitante já, em torno de uma identidade político-religiosa. A existência de uma só crença era uma enorme vantagem, e como podemos ver na "Vida de Constantino" de Eusébio de Cesareia, este fez tudo ao seu alcance para que o seu novo culto prosperasse. Qualquer meio era válido para o fim em vista:

- O Mitraísmo é mais atractivo? Adote a nova religião as suas formas, ritos, festas e até doutrinas;
- Deem-se privilégios aos novos sacerdotes e tirem-se aos outros;
- Proibam-se todos os outros cultos, por decreto (como diz Eusébio de Cesareia, "Vida de Constantino", Livro IV, Cap. XXV, este teria emitido "leis e ordens proibindo os sacrifícios aos deuses, a adivinhação, as imagens de ídolos...");
- É necessário usar a força? Pois seja, em nome do império,

mesmo que isso seja incentivar um certo fanatismo persecutório.

Os Mistérios de Mitras não terão desaparecido abruptamente, apesar das leis contra os cultos politeístas. Afinal tratava-se de uma religião de mistérios, não de massas, um culto iniciático, praticando o segredo, alicerçado nas Legiões. Embora pesando bastante, as ordens proibicionistas terão levado o seu tempo a produzir efeitos. O próprio Constantino nunca abandonou o seu título de Pontifex Maximus, e só na hora da morte terá sido batizado. Uma espécie de iniciação que lhe facilitaria a viagem da alma para o além, semelhante à oferta Mitraísta. Interessante o relato de Eusébio de Cesareia, na obra citada, que afirma ter Constantino sido representado em moedas num "carro puxado por quatro cavalos, sendo recebido no Paraíso". (Vida de Constantino, Livro IV, Cap. LXXIII). Afinal, semelhante à subida de Mitras ao céu!

Haverá ainda, com o sobrinho de Constantino, o Imperdor Juliano, uma tentativa de retomar o politeísmo, mas com a sua morte, não mais o cristianismo deixou de ser a religião oficial do Império Romano. Restam-nos os escritos deste Imperador e a sua devoção, que tão belamente expressou, escrevendo aos Alexandrinos: "É-vos insensível o esplendor que emana do Sol? Não sabeis que ele dá vida a todos os animais e a todas as plantas? Este Sol que a humanidade vê e venera desde todo o sempre, cujo culto faz a sua felicidade e que é a imagem viva, animada, sensata e benfazeja do Pai inteligente!".

A CRENÇA

As fontes escritas são escassas, porque estava rodeado pelo segredo e a perseguição do Império cristão, e da igreja de Roma, acabaram com o que encontraram. A maioria das referências é de escritores cristãos e com a finalidade de denegrir. Sabe-se, contudo, que teria grandes semelhanças com o cristianismo post-Niceia, ao ponto de merecer o comentário de Tertuliano (Quintus Tertullianus – 160-249 d.C.), de que "fora o demónio com sua consabida malvadez, conhecedor dos Mistérios cristãos, que os revelara aos pagãos, antecipando-se à vinda salvadora de Jesus, para humilhar e confundir os fiéis" (Tertuliano, De Corona, Cap. XV).

Mas consegue-se fazer uma ideia bastante plausível das crenças dos Mistérios de Mitras:

a) Existência de um deus criador, superior a todos os outros, apelando à monolatria (Mitras).

b) Um dualismo zoroastriano, como desde o século VI a.C. parece ser um paradigma de todos os cultos. Que encontramos no simbolismo de Cautes, apontando a sua tocha para cima e Cautopates para baixo.

c) Crença na vida depois da morte, numa alma eterna e na sua salvação, desde que nesta terra mantivesse um comportamento ético, com ciclos de reincarnção como castigo por não ter levado uma vida pura.

d) Crença num julgamento individual após a morte, com recompensa e castigos e num Juízo Final, com o regresso de Mitras à terra.

Os Mistérios proporcionavam ao iniciado o conhecimento do fenómeno da transmigração da alma, de modo a preparar-se para a vida além da morte, evitando o ciclo de encarnações.

A – Um deus autocriado

Mitras teria saído de uma rocha, ela própria criada pela sua própria Vontade, no início dos tempos, rodeado pelos doze signos do Zodíaco. Nessa iconografia, Mitras é portador de arco e flecha e a primeira coisa que faz é atirar contra a rocha da qual brotará uma nascente.

Nascido sem mãe, manter-se-á solteiro e sem filhos.

Noutra versão, menos difundida, mais persa, Mitras assumiu a sua forma humana por concepção de Anahita, uma virgem imaculada, chamada de mãe de deus, tendo nascido a 25 de Dezembro (solstício de inverno, dia do nascimento do Sol por ser o dia em que a luz solar começa a crescer e o poder do sol a aumentar) numa gruta ou cave, com a ajuda de pastores, que lhe ofereceram presentes. Sua mãe teria concebido ao nadar no Lago Hamun (Pérsia, região de Sistan) onde o esperma de Zaratustra se conservara.

Após o seu nascimento, no início do mundo, combateu os outros deuses, incluindo o Sol, que submeteu. Apesar disso formou-se entre estes uma grande e perene amizade e Mitras foi presenteado com uma coroa de raios solares, depois de partilhar com ele um banquete.

Mitras, acabado o seu tempo na terra, ascendeu aos céus num carro solar puxado por quatro cavalos. Só voltará no fim dos tempos para o Juízo Final.

B – Um deus criador de todas as coisas

Mitra capturou o touro primordial e levou-o para uma cave, matando-o, para libertar a sua força vital em benefício da humanidade: do corpo do touro cresceram as plantas e as ervas, do seu sangue o vinho, e do seu sémen os animais.

É este o simbolismo da tauroctonia (matança do touro) representada em vários baixos-relevos que se expunham nos Mitreus. Aí Mitras era retratado vestido com uma túnica, calças, capa e um barrete frígio. Olha para a assembleia enquanto, meio montado no touro, puxa a cabeça deste, agarrando-o pelas narinas, com a sua mão esquerda, enquanto com a direita enterra a adaga na sua garganta.

Várias figuras estão presentes neste quadro: debaixo do touro um cão lambe o sangue que cai da ferida; um escorpião ataca os testículos; Um corvo pousa nas costas do touro. E duas figuras, gêmeas, Cautes e Cautopates, vestindo a mesma indumentária de Mitras, usando tochas, a de Cautes apontando para o solo, a de Catopates apontando para cima (alusão ao dualismo zoroastriano). No seu lado esquerdo superior está o deus sol no seu carro. A cauda do touro termina em espigas de trigo.

Esta imagem encerra a crença básica do Mitraísmo que só era dada a conhecer aos iniciados:

a) a matança do touro representaria a regeneração cósmica, pois em muitas culturas orientais o touro era o símbolo da fertilidade, havendo sacrifícios dos mesmos em tempos de seca, com o seu sangue sendo derramado no solo para pedir a renovação da fertilidade da terra e assim afastar a fome.

Assim também Mitras seria a força regenerativa, que ao derramar o sangue do touro cósmico alimentaria o universo, contra as forças das trevas que enfraquecem a terra e a vida.

b) noutra versão o touro representaria a constelação Touro. Assim, ao matar o touro, Mitras estava a fazer mover o universo acabando com a era do Touro e passando para a era zodiacal do Carneiro (que teria acontecido cerca de 500 a.C.). Veremos, mais tarde, na altura do nascimento de Cristo, passar-se para era dos Peixes (daí este ter sido o seu primeiro símbolo).

Mitras era, pois, o deus do cosmos com o poder de mover os céus e regular os ciclos astrológicos, regulando o movimento dos planetas e a precessão dos equinócios e solstícios (**Hiparco de Niceia**. (190-126 a.C.), descobrira o fenómeno da precessão dos equinócios). Por isso nalgumas iconografias da tauroctonia aparece com uma capa estrelada.

OS TEMPLOS

Havia locais próprios para a prática do culto, locais fechados, em caves, por semelhança com a cave onde Mitra teria encerrado e matado o Touro primordial – designados Mitreus. Estas caves representavam o universo (Porfírio, De antro nympharum).

De forma retangular, com um átrio, tinham duas aberturas: uma, a ocidente, por onde desciam os iniciados e uma a oriente, por onde "subiam os deuses".

Ornamentado com símbolos do deus Sol e a deusa Lua; o teto pintado de azul com os planetas e estrelas, como convinha à representação de "imagem do universo"; iconografia, como a da tauroctonia, sempre presente; estátuas de outras divindades e outras evocações.

Os assentos alinhavam-se ao longo das paredes, frente a frente, de ocidente a oriente, onde se sentavam os irmãos, por ordem da sua dignidade, o mesmo é dizer, segundo os seus graus. No oriente, sentava-se o pater, mais elevado grau iniciático e dirigente da comunidade. Também os heliódromos e os que tinham funções administrativas.

Seriam assentos preparados, ao estilo romano para possibilitarem fazer-se, aí, uma refeição.

Altares evocativos pelos mais diversos lados, ofertas individuais. Mas, no oriente, dois altares rituais, um para colocar uma chama acesa durante os cultos, o fogo sagrado, outro para os juramentos, onde se colocava a imagem ou baixo relevo da tauroctonia. E mesas para os encarregados da gestão da vida da comunidade.

Na entrada do templo, no átrio, colocava-se um grande vaso para as purificações, pois o impuro era desagradável aos deuses.

Velas iluminavam a cave, por razões práticas e simbólicas. Pois o Mitreu não era somente um local de culto, mas também uma Escola: aí se ensinava, transmitindo os conhecimentos esotéricos sobre o nascimento, a vida e a morte, encriptados na iconografia, pela palavra dada em segredo, pelo simbolismo e pelo ritual. Aí também se partilhava a ceia sagrada e se fortaleciam os elos fraternais que eram o cimento de uma vida ética, de altos valores morais, a vida mitraica.

No Mitreu tudo tinha um sentido, era todo o universo que ali se representava, com a escada de subida dos deuses, lembrando que o caminho de salvação era uma promessa de retorno ao divino de que se provinha, numa visão sincrética moldada pelo helenismo, mas conservando marcas de tantas culturas, novamente juntas num Império global.

O RITUAL

O Domingo era o dia dedicado a Mitras, mas os iniciados deveriam encontrar-se com mais assiduidade, pois a oralidade e a convivialidade eram a forma de transmitir os conhecimentos.

Haveria, certamente, reuniões especialmente festivas, para celebrar datas ligadas a Mitras, o Sol Invictus, como a do seu nascimento a 25 de Dezembro, o equinócio da Primavera, a 16 de Março, o solstício de Verão, a 26 de Junho.

A entrada do Mitreu estava guardada e exigia-se a identificação de desconhecidos em visita, por palavras secretas, senhas e contrassenhas.

As reuniões seguiam um ritual e uma agenda, variada, mas padronizada.

Sentados cada um no seu lugar, os ofícios eram dirigidos

pelos heliódromos e padres segundo uma agenda definida: invocação de Mitras; expediente, com os gestores da comunidade prestando contas; ensinamentos, cânticos, pontuados com sons de sinos. Três orações, de preceito: uma voltados para oriente, outra para sul e a terceira para oriente (acompanhando o Sol).

Mitras era invocado de muitas formas: “Sol divino, sol invencido, o que será, todo-poderoso, o grande soberano, o grande rei dos deuses, deus dos deuses, o sol, senhor do céu e da terra, o mediador entre o céu e a terra, Luz do mundo, símbolo da pureza, justiça e lealdade”.

No final uma refeição ritual, sagrada: pão amassado com uma cruz representando o sol; carne, simbolizando o touro, lembrança de Mitras; vinho, simbolizando o seu sangue, e frutos. Acompanhada novamemte por cânticos e brindes. Momento para estreitar os laços de fraternidade, todos se tratando por irmãos, esquecidas as dignidades sociais de cada um.

Haveria agenda especial para as sessões de iniciação, bem como decoração apropriada ao momento.

O mesmo aconteceria para a realização de ritos funerários, que tinham relevo à parte, pois era o momento da partida da alma para o outro mundo e seu julgamento, para o qual se esperava estar preparado.

A INICIAÇÃO

Havia 7 graus (talvez por serem sete os planetas) simbolizando que o neófito tinha de percorrer os sete corpos celestiais a partir de um novo nascimento simbólico.

Antes da iniciação o neófito tinha de provar a sua coragem através de provas físicas: nadar num rio caudaloso, descer uma escarpa, saltar uma fogueira com as mãos atadas e vendado. Sobre o mesmo eram exercidas pressões psicológicas para avaliar até que ponto era capaz de guardar segredo.

Antes da cerimónia tinha lugar o rito de purificação, com ablução pela água, enquanto repetia fórmulas rituais. No rituais de iniciação o neófito era acompanhado por um iniciado com o encargo de o guiar e lhe explicar os ensinamentos básicos.

A cerimónia era presidida pelos heliódromos. O pater encenando a figura de Mitras, de arco e flecha representava-se os episódios do Mito de Mitras: o nascimento da rocha; o Milagre da água, em que Mitras logo depois do seu nascimento, com um arco e flecha, fez jorrar água do rochedo; a matança do touro; a luta contra o Sol e sua submissão; o banquete de Mitras e do Sol; a ascensão de Mitras aos céus no carro solar; e a subida de uma escada com sete degraus, cada um feito de um metal diferente simbolizando os sete corpos celestiais conhecidos à época (Mercúrio, Vénus, Marte, Júpiter, Lua, Sol e Saturno). Desvendava-se uma efígie de Mitras, prosseguindo o ritual: de um címbalo bebia vinho simbolizando que este era a fonte do êxtase iniciático e comia um pedaço de pão, simbolizando a sua aceitação de Mitras como fonte da comida. Este pão estivera exposto aos raios solares, pelo que ao comê-lo o neófito estava a comungar da essência divina do próprio sol; o neófito oferecia, então, um bocado de pão e uma taça de água à efígie de Mitras.

Era-lhe feita uma cruz (símbolo do sol) na testa, para simbolizar que passava a pertencer a Mitras.

No final da iniciação era-lhe comunicada a palavra de passe com que se identificaria perantes os restantes iniciados. Terminando por um aperto de mão do pater (à maneira romana) ficando "unidos pelo aperto de mão", como Mitras com o Sol.

Durante as cerimónias os outros iniciados fariam ruídos apropriados às cenas, batendo címbalos, tambores e soando sinos.

Obviamente que havia Rituais de Iniciação para os diferentes Graus.

OS GRAUS

1º – O Corvo (corvax)

O seu nome vem do mito de que o corvo era o mensageiro de Apolo (deus do sol) ao qual o Mitraísmo está associado. As tarefas deste iniciado seria alegoricamente as mesmas, só que ao serviço de Mitras: levar a ordem do Sol a Mitras para que este matasse o touro.

O corvo, também símbolo da morte (na Pérsia os corpos eram deixados em sítios altos para serem devorados por aves, sendo o corvo uma delas, como ainda hoje fazem os Parsis da Índia), simboliza a morte do neófito para a sua vida profana. Este morre e renasce para a sua nova vida espiritual

A iniciação faz-se sob o signo de Mercúrio.

2º – O Noivo

O candidato traz vestido um véu e segura uma vela, pois é incapaz de ver a Luz da Verdade enquanto o véu não for removido. Jura devotar-se ao culto e deve manter o celibato (durante um período simbólico) enquanto estiver neste grau. É o noivo de Mitras, a quem oferece uma taça de água: a taça representa o seu coração e a água o seu amor.

Faz-se sob o signo de Vénus. (Afrodite)

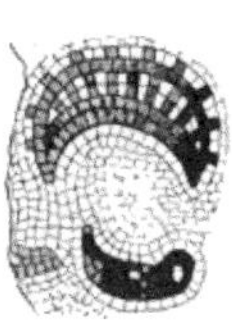

3º – Soldado

O Candidato apresenta-se desnudado (atirou fora a vida profana) vendado e com as mãos amarradas. Ajoelha (submissão à autoridade religiosa) e é-lhe oferecida uma coroa na ponta de uma espada. Coloca a coroa e são-lhe cortadas as amarras e retirada a venda, representando a sua libertação do mundo material. Tira então a coroa da cabeça e coloca-a no ombro, dizendo: "Mitras é a minha única coroa". Significando que Mitras será daí em diante o seu único guia, e ele um seu soldado em contínua batalha contra si mesmo, para desbastar os seus defeitos e alcançar a virtude de modo a colocar-se do lado do Bem.

Faz-se sob o signo de Marte.

4º – O Leão

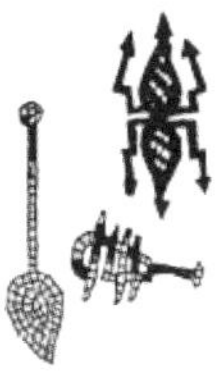

Faz-se sob o signo de Júpiter e do fogo. Pelo que durante o ritual não pode tocar na água. Avança vestido de escarlate, sendo-lhe oferecido mel (a comida dos deuses) para lavar e purificar as mãos de tudo o que é impuro e detestável, e a língua, de tudo o que é mau (alguns usam o fogo para o mesmo efeito, diz-nos Porfírio em "de antro nympharum").

Traz consigo uma refeição de pão e vinho, que fora confeccionada pelos iniciados dos graus inferiores, seguindo-se o banquete ritual, que representa a última ceia de Mitras com os seus companheiros antes de ascender ao Céu transportado no carro do Sol.

A sua principal tarefa será a de cuidar do fogo sagrado.

5º – Persa

Faz-se sob o signo da Lua e o seu símbolo é uma harpa com a qual Persus decapitou Gorgon, simbolizando a destruição da parte animal do

iniciado. É purificado com mel, símbolo da pureza e da fertilidade, e fica sob a proteção da Lua (fonte do mel para os antigos Persas).

Acede assim ao círculo daqueles a quem é concedido o privilégio de conhecerem as mais altas revelações, como as que estavam reservadas aos Magos do Zoroastrismo.

6º – Heliódromo (corredor do Sol)

Faz-se sob o signo do Sol com o iniciado imitando o banquete sagrado: Avança, vestido de vermelho, cor do Sol, do fogo e do sangue da vida, acompanhado de dois iniciados imitando Cautes e Cautopates. Dá uma volta pelo Mitreu numa procissão liderada por um iniciado do grau de soldado, numa representação de uma volta solar pelo cosmos, e senta-se junto a Mitras (representado pelo Padre).

7º – Padre (Pai)

Faz-se sob o signo de Saturno.

É o representante de Mitras, Luz do Céu personalizada, professor dos iniciados e da congregação, que dirige.

Veste calças vermelhas, estilo oriental, e usa uma capa e um barrete também vermelhos. Na mão um bastão de pastor, símbolo do seu poder espiritual, e um anel.

AS SEMELHANÇAS COM O CRISTIANISMO

Existem semelhanças evidentes, o que se compreende pelas circunstâncias históricas. Constantino tomara uma decisão política de escolher uma nova religião para o Império, e queria eficiência e rapidez. Nada melhor para levar a uma mais rápida aceitação do novo credo, que enroupá-lo com as vestes a que a sociedade romana estava habituada. Aliás ele continuava o Pontifex Maximus deste culto de Mitras.

Eis algumas dessas semelhanças:

- Mitra manteve-se solteiro, valorizando o autocontrole, a renúncia e a resistência à sensualidade como exemplo para os seus seguidores.
- Mitra, senhor da Luz e do Bem mantém uma luta sem tréguas com o Mal, e propõe um conjunto de valores éticos que toda a comunidade Mitraica era encorajada a praticar.
- Havia uma refeição conjunta, uma comunhão, na qual se comia pão e bebia vinho, em homenagem e memória de Mitras. Existindo inscrições em que se afirma "aquele que não comer do meu corpo e não beber do meu sangue para que se torne um comigo, esse não terá salvação".
- O pão cerimonial era assinalado com uma cruz, representado o Sol.
- Os devotos ajoelhavam em oração.
- acreditavam na vida depois da morte e num julgamento final, em que os mortos ressuscitariam, e nasceria uma nova ordem com o triunfo da luz sobre as trevas, indo os maus para o inferno.
- O Domingo (dia do Sol), dia dedicado a Mitras, passou a ser o dia do Senhor no Cristianismo, substituindo o Sábado.
- A celebração do nascimento de Jesus, de uma virgem, a 25 de Dezembro, tal como Mitras nascera de uma virgem, a "Mãe de Deus" ou "Rainha dos Céus".
- O batismo de iniciação de Mitras também foi acolhido pelo Cristianismo.
- O sacerdote cristão passou a chamar-se Padre tal como no culto Mitraico.
- Adotou-se também o tratamento por irmãos.
- Os bispos adotaram como seu símbolo a Mitra.
- Os clérigos adotaram a designação de Padre.

- O papa adotou o nome e os símbolos do Papa Mitraico: Bastão de pastor, vestes vermelhas com solidéu, também vermelho.

Estas semelhanças com o Mitraísmo, e a adoção de muitos dos seus ritos, festas, práticas e símbolos, foi reconhecido por Eusébio de Cesareia (História da Igreja) citado pelo Cardeal J. H. Newman (séc. XIX in An Essay on the Development of Chistian Doctrine): "Ornamentos externos; templos dedicados a santos particulares; incenso; Lâmpadas e velas; oferendas votivas para pedir saúde; água benta; festas etc.

Outros viram um perigo nas semelhanças e tentaram encontrar uma explicação como a já citada de Tertuliano. Obviamente, queriam ignorar o papel e imposições de Constantino na nova Igreja Católica Romana.

Bibliografia

BECK, Roger. "The Religion of the Mitras Cult in the Roman Empire", by Oxford University Press Inc. New York.

CUMONT. "Les Mysteres de Mithra" (2nd. Paris, 1902), tr. McCormack (London, 1903).

DILL. "Roman Society from Nero to M. Aurelius" (London, 1904);

MARTINDALE. "The Religion of Mithra" in "The Month" (1908, Oct., Nov., Dec.).

RAMSAY. "The Greek of the early Church and the Pagan Ritual" (Edinburgh, 1898-9).

BIBLIOGRAFIA PARA O ZOROASTRISMO

BOYCE, Mary. "The Religion of Cyrus the Great" in: A. Kuhrt and H. Sancisi-Weerdenburg (ed.): *Achaemenid History III* (1988 Leiden).

CLARK, Peter. Zoroastrianism. An Introduction to an Ancient Faith (1998 Brighton).

Editora Maçônica

A TROLHA

Redação, Diagramação,
Composição, Revisão, Arte-Final.

Rua Castro Alves, 835 – Jd. Shangri-lá A
Fone: (43) **3337-1982** – Fax: (43) **3326-0915**
CEP 86070-670 – Londrina – Paraná

Home Page: http://www.atrolha.com.br
E-Mail: redacao@atrolha.com.br